एक साधक की गाथा

बागेश्वर सरकार

सम्पर्क करें :

बागेश्वर धाम

ग्राम-गढ़ा, पोस्ट-गंज, जिला-छतरपुर

मध्य प्रदेश, पिन-471105

बागेश्वर धाम का कॉन्टेक्ट नंबर-

917055005553/7055005554

Email : bageswardhams@gmail.com

Website : bageshwardham.co.in

Facebook : बागेश्वर धाम सरकार

Instagram : iambageshwardhamsarkar

Youtube : BageshwarDhamSarkar,
youtube.com/c/BageshwarDhamSarkar

Twitter : twitter.com/bageshwardham

Kooapp : kooapp.com/profile/bageshwardhamsarkaroffcial

Follow Us

SCAN ME

एक साधक की गाथा
बागेश्वर सरकार

सचिन गुप्ता

Gaurik
Publication Pvt. Ltd.

vaniprakashan.com

पेपरबैक पहला संस्करण : 2025

प्रकाशक
गौरिक पब्लिकेशन प्रा. लि.
खसरा नम्बर 597/1/1 प्लॉट नम्बर 993
हरिजन हॉस्टल के सामने, डेरी रोड,
छतरपुर, मध्य प्रदेश, भारत-471001
ईमेल : gaurikpublication@gmail.com

सहयोगी प्रकाशक
वाणी प्रकाशन ग्रुप
4695, 21-ए, दरियागंज, नयी दिल्ली-110 002
फ़ोन : + 91 11 23273167, 23275710
sales@vaniprakashan.in
vaniprakashan@gmail.com
शाखाएँ : पटना, प्रयागराज, वर्धा

Ek Sadhak Ki Gatha : Bageshwar Sarkar
by Sachin Gupta

ISBN : 978-93-6944-102-0
978-81-974467-8-8
Religion/Spirituality

मूल्य : ₹ 299

आवरण : लक्ष्मीकांत काननगी, मस्कट, ओमान

सम्पादकीय सलाहकार : ऋतेश निगम, लंदन

सिटी प्रेस, दिल्ली-110 095 में मुद्रित

समर्पण

मैं यह किताब **बागेश्वर धाम के बालाजी सरकार**, संन्यासी बाबा एवं दादा गुरुजी के चरणों में समर्पित करता हूँ। यह किताब मेरे माता-पिता एवं धाम से जुड़े करोड़ों श्रद्धालुओं को समर्पित है।

बागेश्वर धाम में आस्था रखने वाले लाखों-करोड़ों भक्तगण धाम के बारे में जानने की जिज्ञासा रखते हैं। इस किताब के माध्यम से पूरा विश्व बागेश्वर धाम के बारे में जान पायेगा। किताब को पढ़ने के बाद आपको धाम के बारे में, यहाँ के पीठाधीश्वर के बारे में सम्पूर्ण जानकारी मिलेगी।

आप सभी का कल्याण हो!

बालाजी सरकार, संन्यासी बाबा की कृपा सभी पर बनी रहे!

जय श्रीसीताराम!

जय श्रीबालाजी सरकार!

जय श्रीबागेश्वर धाम सरकार!

साधु जी सीताराम!

आचार्यश्री धीरेन्द्र कृष्ण शास्त्री

पीठाधीश्वर

बागेश्वर धाम सरकार

आशीष वचन

॥ ॐ बागेश्वराय नमः॥

प्रिय आत्मन् परिवारजन,

जय सियाराम,
आप सभी प्रसन्न रहो, सभी का मंगल हो!
जय हिन्दू राष्ट्र!
बागेश्वर बालाजी के करोड़ों प्रियजन हैं जिन पर बालाजी की प्रत्यक्ष कृपा है। आप सभी को बताते हुए प्रसन्नता है कि भारत भूमि में 144 वर्ष बाद महाकुम्भ का आयोजन हुआ। उसी में हमारे प्रिय सचिन गुप्ता ने बहुत परिश्रम से **'एक साधक की गाथा : बागेश्वर सरकार'** नामक पुस्तक बागेश्वर धाम पर लिखी है, जो विशेष रोचक जानकारियों से भरपूर है। पूर्व में हमारी **'सनातन धर्म क्या है?'** पुस्तक के प्रकाशन के बाद अब यह पुस्तक बागेश्वर धाम से सम्बन्धित आधिकारिक एवं प्रामाणिक जानकारी पाठकों को उपलब्ध करायेगी। सभी श्रद्धालुजन इसे अवश्य पढ़ें।

–बागेश्वर सरकार

अनुक्रम

बागेश्वर धाम के बालाजी एवं पूज्य गुरुदेव

भगवन हनुमान जी की प्रतिमा जोकि पूज्य गुरुदेव के साथ रहती है।

बागेश्वर धाम

- बागेश्वर धाम क्या है?
- बागेश्वर धाम क्यों प्रसिद्ध है?
- बागेश्वर धाम का इतिहास
- शिवजी के मन्दिर का रहस्य
- संन्यासी बाबा
- दादा गुरुजी

बागेश्वर धाम क्या है?

लगा के आग दौलत में हमने ये शौक पाले हैं,
कोई पूछे तो कह देना हम बागेश्वर वाले हैं!

बागेश्वर धाम एक पवित्र तीर्थस्थल है। बागेश्वर धाम में बालाजी सरकार, अर्थात हनुमान जी का मन्दिर है। बागेश्वर धाम में ही भगवान शंकर जी का एक छोटा मन्दिर है जो एक दिव्य मन्दिर है। बागेश्वर धाम संन्यासी बाबा की तपोस्थली एवं तपोभूमि है। बागेश्वर धाम में स्वयंभू हनुमान जी की दिव्य प्रतिमा है, जिनके दर्शन मात्र से लोगों की सारी मनोकामनाएँ पूरी हो जाती हैं।

बागेश्वर धाम भारत में मध्य प्रदेश के छतरपुर जिले के राजनगर जनपद के ग्राम गढ़ा में स्थित है। बागेश्वर धाम में लाखों श्रद्धालु प्रतिदिन बालाजी सरकार के दर्शन करने आते हैं। बागेश्वर धाम पहुँचने के लिए रोड, रेल एवं वायु तीनों साधन उपलब्ध हैं।

बागेश्वर धाम छतरपुर से लगभग 30 किमी. एवं खजुराहो से लगभग 20 किमी. की दूरी पर स्थित है।

ट्रेन से श्रद्धालु महाराजा छत्रसाल रेलवे स्टेशन छतरपुर या खजुराहो रेलवे स्टेशन पहुँच सकते हैं। वायुयान से सीधे खजुराहो एयरपोर्ट भी पहुँच सकते हैं।

यहाँ के पीठाधीश्वर आचार्य पं. श्री धीरेन्द्र कृष्ण शास्त्री जी पर हनुमान जी की विशेष कृपा है। आचार्यश्री के द्वारा दिव्य दरबार लगाकर लाखों लोगों की समस्याओं का निदान किया जाता है। बागेश्वर धाम सरकार में बालाजी भगवान हैं, लेकिन बालाजी सरकार की आचार्यश्री के ऊपर विशेष कृपा होने के कारण एवं विश्व में बागेश्वर धाम की लोकप्रियता के कारण आज समूचा विश्व पं. धीरेन्द्र कृष्ण शास्त्री जी को बागेश्वर बाबा या बागेश्वर धाम सरकार या बागेश्वर महाराज भी कहने लगा है।

बागेश्वर धाम क्यों प्रसिद्ध है ?

हँसा करो हँसाया करो, बागेश्वर धाम अपने
बाप का घर है, आया-जाया करो।

बागेश्वर धाम में हजारों-लाखों श्रद्धालु अपनी मनोकामना लेकर आते हैं। बागेश्वर धाम में आने वाले लोगों की मनोकामनाएँ पूरी होती हैं और ऐसी मान्यता है कि बागेश्वर धाम में आने वाले सभी श्रद्धालुओं के कष्ट दूर होते हैं। किसी भी प्रकार की विपदा हो, बालाजी सरकार सभी पर कृपा करते हैं। यहाँ के वर्तमान पीठाधीश्वर आचार्यश्री धीरेन्द्र कृष्ण शास्त्री जी दिव्य दरबार लगाते हैं एवं सभी की मनोकामना पूर्ति के लिए अर्जी लगाते हैं। महाशिवरात्रि एवं गुरु-पूर्णिमा के अवसर पर बागेश्वर धाम में लगभग एक सप्ताह तक धाार्मिक अनुष्ठानों का आयोजन होता है, जिसमें लाखों लोग देश-विदेश से धर्मलाभ लेने आते हैं। महाशिवरात्रि के अवसर पर धार्मिक अनुष्ठानों के साथ-साथ गरीब कन्याओं का विवाह धाम में होता है। गुरु-पूर्णिमा के अवसर पर गुरु-दीक्षा कार्यक्रम एवं गुरु-शिष्य मिलन समारोह भी आयोजित किया जाता है।

बागेश्वर धाम में वर्ष भर धार्मिक अनुष्ठानों का आयोजन पूज्य गुरुदेव द्वारा कराया जाता है। देश-विदेश से सभी क्षेत्रों से

प्रतिष्ठित लोग बागेश्वर धाम में दर्शन करने एवं अपनी मनोकामना पूरी कराने के लिए आते हैं। बागेश्वर धाम में जगद्गुरु स्वामी श्री रामभद्राचार्य जी महाराज; मलूक पीठाधीश्वर राजेन्द्रदास जी महाराजय; योग गुरु बाबा रामदेव जी; डॉ. मोहन यादव जी, मुख्यमन्त्री म.प्र.; शिवराजसिंह चौहान जी, पूर्व मुख्यमन्त्री म.प्र; कमलनाथ जी, पूर्व मुख्यमन्त्री म.प्र; संजय दत्त, बॉलीवुड अभिनेता; कुलदीप यादव, क्रिकेटर; द ग्रेट खली उर्फ़ दिलीप राणा रेसलर; कुमार विश्वास, कथावाचक एवं कवि; डॉ. अब्दुल्ला, बिजनेसमैन, दुबई; साइमन ओवेन्स किंग चार्ल्स **III** के प्रतिनिधि लन्दन; राज राजेश्वर जी महाराज, लन्दन; गोविन्दा, अभिनेता; सोनू निगम, गायक इत्यादि देश-विदेश की जानी-मानी हस्तियाँ आ चुकी हैं।

बागेश्वर धाम में वर्ष 2024 में लगभग 10 लाख से ज़्यादा श्रद्धालु केवल शिवरात्रि के अवसर पर बागेश्वर धाम आये थे। बागेश्वर धाम सरकार देश के विभिन्न राज्यों में जाकर अपनी कथा और दिव्य दरबार लगाते हैं, जिसमें लाखों की तादाद में भक्तगण कथा सुनने आते हैं। पटना की कथा में एक दिन में 10 लाख से ज्यादा भक्तगण पुज्य गुरुदेव जी की कथा में पहुँचे थे, जो कि अपने आप में एक रिकॉर्ड है। बागेश्वर धाम सरकार का दरबार जहाँ भी लगता है, वहाँ पर लाखों की संख्या में श्रद्धालु पहुँचते हैं। इसलिए आज बागेश्वर धाम देश एवं विदेश में प्रसिद्ध हैं।

बागेश्वर धाम का इतिहास

वर्तमान में बागेश्वर धाम में बालाजी सरकार, अर्थात हनुमान जी का पवित्र मन्दिर है। इसके साथ-साथ स्वयं-भू भगवान शंकर जी का दिव्य मन्दिर है। प्राचीन समय में बागेश्वर धाम में केवल शिवजी का मन्दिर था और बागेश्वर धाम शिवजी के मन्दिर से ही जाना जाता था। बागेश्वर धाम मन्दिर चन्देल कालीन है। लगभग 200 वर्ष पूर्व पं. धीरेन्द्र कृष्ण शास्त्री जी के दादा जी के दादा जी मन्दिर की पूजा करते थे। बागेश्वर धाम में पहले कुछ भी निर्माण नहीं था, केवल पहाड़ी एवं जंगल हुआ करता था।

सन् 1988-89 में मन्दिर जीर्णोद्धार का थोड़ा काम श्री शिवरतन अहिरवार के द्वारा कराया गया था। मन्दिर में बालाजी भगवान की जो दिव्य मूर्ति विराजमान है, पूर्व में वह मूर्ति ग्राम के ही श्री शिवरतन अहिरवार एवं उनके भाई को खेत में हल चलाते समय मिली थी। यह दिव्य मूर्ति एक बड़े चीपा के रूप में खेत से प्राप्त हुई थी जिसको दोनों भाइयों ने रस्सी से बाँधकर नीम के पेड़ तक लाकर रख दिया था। पहले इस मूर्ति की पूजा नीम के पेड़ के नीचे ही होती रही। सन् 1989 में हल्कू घोषी द्वारा बाबा का चबूतरा बनवाया गया एवं मन्दिर का पुनः जीर्णोद्धार कराया गया।

प्राचीन समय से आचार्यश्री के पूर्वजों ने मन्दिर में पूजा-अर्चना की एवं मन्दिर का रखरखाव किया। संन्यासी बाबा के बाद आचार्यश्री के दादाजी मन्दिर के पुजारी हुए, जिन्हें दादा गुरुजी कहते हैं। आज जो चबूतरा बागेश्वर धाम में बना हुआ है, वह संन्यासी बाबा का है। संन्यासी बाबा के उपरान्त दादा गुरुजी सन् 2010 तक मन्दिर के पुजारी रहे। दादा गुरुजी दरबार लगाकर लोगों की समस्याओं का निराकरण करते थे। वह निर्मोही अखाड़ा चित्रकूट से जुड़े हुए थे।

सन् 2010 के बाद आचार्यश्री मन्दिर के पुजारी हुए। सन् 2016 में आचार्यश्री के द्वारा बालाजी सरकार की पुनः प्राण-प्रतिष्ठा करायी गयी, चोला बदला गया एवं मन्दिर-निर्माण का कार्य प्रारम्भ कराया गया। आज बागेश्वर धाम में मन्दिर एवं आसपास जितना भी निर्माण-कार्य हुआ है, वह सभी आचार्यश्री के द्वारा कराया गया है। आचार्यश्री के द्वारा पुनः मन्दिर के जीर्णोद्धार का कार्य जून 2024 में प्रारम्भ कराया गया, बागेश्वर धाम में जल्द ही भव्य मन्दिर बनकर तैयार हो जायेगा। दिव्य एवं भव्य मन्दिर बनने से धाम में आने वाले भक्तों को आसानी से बालाजी सरकार के दर्शन होंगे।

शिवजी के मन्दिर का रहस्य

प्राचीन मन्दिर :- बागेश्वर धाम में शिवजी का प्राचीन मन्दिर है। जो अपने आप में एक दिव्य मन्दिर है। यह मन्दिर चन्देलकालीन प्राचीन मन्दिर है। शिवजी के मन्दिर से जुड़ा हुआ एक रहस्य है जो आज तक या तो किसी को पता नहीं है या बहुत कम लोग जानते हैं। बागेश्वर धाम में शिवजी के मन्दिर में आज भी कोई लाइट काम नहीं करती है। बल्ब, सीएफएल, एल.ई.डी. इत्यादि कुछ भी यदि आप शिवजी के मन्दिर में लगाते हैं तो वह अपने आप ख़राब हो जाता है। ऐसी मान्यता है कि भोले बाबा अपने आप को ऐसे ही पसन्द करते हैं। कई बार मन्दिर का जीर्णोद्धार कराने का प्रयास किया गया, लेकिन कार्य प्रारम्भ होने से पहले ही या कार्य के दौरान विघ्न आ जाते हैं। कई बार प्रयास करने के बाद भी सफल न हो पाने पर आचार्यश्री को आभास हुआ कि शायद भोले बाबा भगवान शिवजी नहीं चाहते हैं कि मन्दिर में कोई भी जीर्णोद्धार का कार्य हो। आचार्यश्री को जो आभास हुआ था वह तब सही साबित हुआ। जब आचार्यश्री को स्वप्न आया कि मन्दिर में कोई भी जीर्णोद्धार का कार्य न कराया जाये, तब से मन्दिर ज्यों का त्यों है। शिवजी के मन्दिर में आज भी कोई उजाला

नहीं रहता है। शिवजी के मन्दिर में कई बार बिच्छू और सर्प को भी देखा गया है। शिवजी के मन्दिर में भक्तों को दूर से ही दर्शन कराये जाते हैं, किसी को भी मन्दिर में जाने की अनुमति नहीं होती है।

संन्यासी बाबा एवं दादा गुरुजी

पूज्य गुरुदेव संन्यासी बाबा जी

संन्यासी बाबा

जिसका गुरु बलवान होता है,
वह चेला पहलवान होता है।

आपने कई बार पं. धीरेन्द्र शास्त्री जी के प्रवचनों में संन्यासी बाबा का नाम सुना होगा। आज हर वह इन्सान जो बागेश्वर धाम से जुड़ा है या बागेश्वर धाम में श्रद्धा रखता है, वह जानना चाहता है कि संन्यासी बाबा कौन हैं?

संन्यासी बाबा आचार्यश्री के पाँचवीं पीढ़ी के सन्त थे। संन्यासी बाबा पूज्य गुरुदेव के दादा जी के दादा जी थे और वह मन्दिर के प्रथम पुजारी हुए। संन्यासी बाबा ने ही दरबार प्रथा प्रारम्भ की थी। संन्यासी बाबा को बालाजी सरकार के पाँच बार दर्शन या साक्षात्कार हुए।

संन्यासी बाबा मन्दिर में बैठकर लोगों की समस्याओं को बालाजी सरकार के समक्ष रखकर उनकी समस्याओं का निदान करते थे।

बागेश्वर धाम में जब आप जाते हैं तो आपको दूर से ही एक चबूतरा बना दिखाई देता है। यह चबूतरा संन्यासी बाबा जी का है।

आज से लगभग 200 वर्ष पहले बागेश्वर धाम मन्दिर के आसपास कुछ भी निर्माण नहीं था, केवल पहाड़ियाँ हुआ करती थीं। संन्यासी बाबा पहाड़ियों पर मन्दिर के पास बैठकर लोगों की समस्याएँ सुनते थे। संन्यासी बाबा पं. धीरेन्द्र कृष्ण शास्त्री जी के परिवार से पहले ऐसे सन्त हुए जिन्होंने संन्यास धारण किया था।

संन्यास धारण करने के कारण ही उन्हें संन्यासी बाबा कहा गया। जब संन्यासी बाबा जी का देहान्त हुआ, तब गाँववालों एवं परिवार के लोगों ने पहाड़ी पर चबूतरा बनवाया। संन्यासी बाबा के चबूतरे/समाधिस्थल पर सभी श्रद्धालु जाते हैं, पूजा-अर्चना करते हैं एवं अपनी मनोकामना पूर्ति के लिए प्रार्थना करते हैं।

दादा गुरुजी

संन्यासी बाबा की तरह ही पं. धीरेन्द्र कृष्ण शास्त्री जी के प्रवचनों में आपने एक नाम और सुना होगा दादा गुरुजी का। दादा गुरुजी आचार्यश्री के दादाजी थे। आचार्यश्री पर उनके दादाजी की विशेष कृपा है। दादा गुरुजी को भी कई सिद्धियाँ प्राप्त थीं, जो कि उन्हें संन्यासी बाबा से प्राप्त हुई थीं। दादा गुरुजी भी दरबार लगाकर लोगों की समस्याओं को दूर करते थे। दादा गुरुजी स्लेट पर लिखकर लोगों की समस्याएँ बताते थे एवं उनका निराकरण करते थे।

आचार्यश्री का बचपन से ही अपने दादा गुरुजी से बहुत लगाव था। घर में लगभग 10 हमउम्र भाई-बहिन होने के कारण सभी लोग दादा गुरुजी के पास खेलने जाते थे। लेकिन सभी बच्चों में आचार्यश्री का दादाजी के प्रति एवं दादाजी का आचार्यश्री के प्रति अटूट प्रेम था। आचार्यश्री के अनुसार जब दादा गुरुजी के पास सब बच्चे खेलने जाते थे और तब अगर दादा गुरुजी चाय पी रहे होते थे, तो वह अपनी बची हुई जूठी चाय की प्याली आचार्यश्री को ही देते थे। उस समय किसी को समझ में नहीं आता था, लेकिन आज गुरुदेव कहते हैं कि उनके ऊपर जो भी कृपा है,

वह उनके दादा गुरुजी की कृपा है। उन्होंने अपने दादा गुरुजी की बहुत सेवा की है। दादा गुरुजी को बालाजी सरकार के तीन बार दर्शन या साक्षात्कार करने का सौभाग्य प्राप्त हुआ था।

दादा गुरुजी भी दरबार लगाकर लोगों की समस्याओं का निराकरण करते थे। उस समय भी काफी संख्या में लोग बागेश्वर धाम आते थे। आचार्यश्री के बताये अनुसार जब वह छोटे थे, तब बड़े-बड़े अधिकारी दादा गुरुजी से मिलने आया करते थे। उस समय अधिकारी लाल/नीली बत्तीवाली गाड़ियों से आते थे। लेकिन उस समय मीडिया का उतना चलन नहीं था, जिस कारण से बागेश्वर धाम के बारे में दुनिया अनभिज्ञ रही, वरना लोगों के काम और उनकी मनोकामनाएँ पहले भी पूरी हुई हैं।

दादा गुरुजी के साथ आचार्यश्री की कई यादें हैं। बालाजी सरकार की कृपा पहले संन्यासी बाबा पर हुई, उसके बाद वही कृपा दादा गुरुजी के ऊपर हुई, और बाद में वैसी ही कृपा आचार्यश्री जी के ऊपर हुई।

दादा गुरुजी और चाय : आचार्यश्री को चाय बहुत पसन्द है। आचार्यश्री के दादा गुरुजी को भी चाय बहुत पसन्द थी। दादा गुरुजी चाय पीते समय सत्संग की बातें सभी बच्चों के साथ किया करते थे। आचार्यश्री की दादा गुरुजी के साथ चाय से बहुत सारी यादें जुड़ी हुई हैं। आचार्यश्री चाय के ऊपर कई बार एक श्लोक का वर्णन करते हैं–

केटली गर्भ संभूतम्, शक्कर-पत्ती मिश्रितम्,
कप मध्ये विराजते देवी, ओम चाय चण्डिकाय नमो नमः

दादा गुरुजी और हैंडपम्प : आचार्यश्री अपने प्रवचनों में दादा गुरुजी से जुड़ी हुई एक घटना का वर्णन करते हैं कि पहले बागेश्वर धाम में जब कुछ भी निर्माण नहीं हुआ था एवं मन्दिर के आसपास पहाड़ियाँ और जंगल हुआ करता था, उस समय पानी की सुविधा के लिए एक हैंडपम्प लगा हुआ था। दादा गुरुजी मन्दिर के कार्य के लिए या अपने निजी उपयोग के लिए हैंडपंप से पानी लाते थे। कई बार आचार्यश्री भी दादा गुरुजी की सेवा के लिए हैंडपम्प से पानी ले जाया करते थे। आचार्यश्री कहते हैं कि दादा गुरुजी ने अपने हाथों से हैंडपंप को चलाया है और उससे उनकी यादें जुड़ी हुई हैं, इसलिए उन्होंने उस हैंडपम्प को आज भी नहीं हटवाया है, उसे यथावत अपने स्थान पर रहने दिया है।

दादा गुरुजी वर्ष 2010 तक मन्दिर के पुजारी रहे एवं दरबार लगाकर लोगों की मनोकामनाएँ पूर्ण करते रहे। वर्ष 2010 में दादा गुरुजी का स्वर्गवास होने के बाद मन्दिर की ज़िम्मेदारी आचार्यश्री ने सम्भाली। वर्ष 2010 से बागेश्वर धाम के पीठाधीश्वर आचार्यश्री हैं एवं उनकी देख-रेख में ही आज बागेश्वर धाम को श्रद्धालु पूरे विश्व में जानते हैं।

आचार्य पं. श्री धीरेन्द्र कृष्ण शास्त्री जी

बागेश्वर धाम के पीठाधीश्वर

- बागेश्वर धाम के पीठाधीश्वर
- बचपन एवं शिक्षा-दीक्षा
- सिद्धि कब और कैसे मिली?
- लोकप्रियता का कारण

बागेश्वर धाम के पीठाधीश्वर

बागेश्वर धाम सरकार के पीठाधीश्वर आचार्य पं. श्री धीरेन्द्र कृष्ण शास्त्री जी हैं। आचार्यश्री पर बालाजी सरकार की विशेष कृपा है। आचार्यश्री को भी संन्यासी बाबा एवं दादा गुरुजी की तरह कई तरह की सिद्धियाँ प्राप्त हैं। आचार्यश्री बालाजी सरकार का दिव्य दरबार लगाकर लोगों की अर्जियाँ बालाजी के समक्ष रखते हैं एवं उनकी समस्याओं का निराकरण कराते हैं। आचार्यश्री हमेशा अपने प्रवचनों में कहते हैं कि, ''हम तो हनुमान जी के दास हैं, और जो हनुमान जी का दास है। वो हर मैटर में पास है।''

लगभग 200 वर्ष पहले संन्यासी बाबा ने मानव कल्याण एवं जनसेवा के लिए जो परम्परा शुरू की थी, उसी परम्परा को पूज्य गुरुदेव आगे बढ़ा रहे हैं। बागेश्वर धाम में जो भी भक्त अपनी मनोकामना लेकर बालाजी सरकार की शरण में आता है, बालाजी सरकार अपने परम भक्त पूज्य गुरुदेव जी के माध्यम से उसे पूर्ण कराते हैं। पूज्य गुरुदेव ने मानव कल्याण एवं समाज कल्याण के लिए कई संकल्प लिये हैं। गुरुदेव के संकल्पों में कैंसर अस्पताल का निर्माण, वैदिक गुरुकुल की स्थापना, अन्नपूर्णा रसोई, बागेश्वर बगीचा, गौशाला आदि प्रमुख हैं।

बचपन एवं शिक्षा-दीक्षा

पं. श्री धीरेन्द्र कृष्ण शास्त्री का जन्म 4 जुलाई 1996 को मध्य प्रदेश के छतरपुर जिले के राजनगर जनपद के ग्राम गढ़ा में एक सरयूपारी ब्राह्मण परिवार में हुआ था। आचार्यश्री की माता जी का नाम श्रीमती सरोज देवी गर्ग एवं पिता जी का नाम श्री रामकृपाल गर्ग है। माता-पिता के अलावा आचार्यश्री तीन भाई-बहन हैं, जिनमें आचार्यश्री सबसे बड़े हैं। उनकी एक छोटी बहन रीता गर्ग हैं जिनकी शादी हो चुकी है और एक छोटा भाई है जिसका नाम शालिग्राम गर्ग है।

आचार्यश्री की माता जी बहुत ही धार्मिक प्रवृत्ति की हैं। जब आचार्यश्री अपनी माता जी के गर्भ में थे, तब उनकी माता जी को स्वप्न में भगवान गणेश जी दिखाई दिया करते थे। उनकी माता जी को घर के आँगन में तुलसी के पौधे के पास में हनुमान जी और गणेश जी की पत्थर की छोटी-छोटी मूर्तियाँ मिली थीं।

वृन्दावन की घटना : पूज्य गुरुदेव जी बचपन से ही धर्म को मानने वाले थे एवं वह वृन्दावन जाकर सन्तों के बीच रहकर भागवत कथा करना, प्रवचन करना एवं धार्मिक अनुष्ठान करना इत्यादि की शिक्षा लेना चाहते थे। चूँकि उनके परिवार की आर्थिक स्थिति ठीक नहीं थी, इसलिए उन्होंने

वृन्दावन जाने के लिए अपने रिश्तेदारों और गाँव के ही लोगों से 2000 रुपये की माँग करते रहे, लेकिन किसी ने भी उन्हें पैसे उधार नहीं दिये। इस प्रकार से बहुत मन होने के बाद भी आचार्यश्री वृन्दावन शिक्षा ग्रहण करने नहीं जा सके। वह हमेशा कहते हैं कि उधार भी उन्हीं को मिलता है, जिनके पास पैसा होता है। ग़रीब का सिर्फ़ भगवान होता है।

आचार्यश्री बचपन से ही सीधे, सज्जन एवं सरल स्वभाव के रहे हैं। बचपन में वह बहुत धीरे-धीरे चलते थे, इसलिए उनकी दादी जी ने आचार्यश्री का नाम धीरू रख दिया था। बाद में इनका नाम धीरेन्द्र हो गया। आचार्यश्री का बचपन अत्यन्त ग़रीबी में बीता। आचार्यश्री के पिता जी ज्यादा कुछ कमाते नहीं थे। पूरा परिवार भिक्षा माँगकर परिवार का भरण-पोषण करता था। आचार्यश्री ने आठ वर्ष की उम्र से ही सत्यनारायण भगवान की कथा करना प्रारम्भ कर दिया था। आचार्यश्री ने अपनी आठवीं तक की पढ़ाई सरकारी स्कूल से की है। बाद में स्नातक की पढ़ाई पूरी की।

सिद्धि कब और कैसे मिली?

दादा गुरुजी परिवार के सभी बच्चों में आचार्यश्री को ज्यादा स्नेह करते थे और उसका कारण यह था कि आचार्यश्री बहुत ज़्यादा धार्मिक एवं सरल स्वभाव के थे। आचार्यश्री दादा गुरुजी की बहुत सेवा करते थे एवं बागेश्वर धाम में उनकी विशेष श्रद्धा थी। शायद दादा गुरुजी पहले ही भाँप गये थे कि आचार्यश्री बड़े होकर उनके उत्तराधिकारी बनेंगे।

आचार्यश्री की पारिवारिक स्थिति ठीक नहीं थी, और उन्होंने आठ वर्ष तक भिक्षा माँगी। गाँव से जो भी भिक्षा मिलती थी, परिवार का भरण-पोषण उसी से होता था। कई बार भिक्षा न मिलने पर परिवार को भूखे रहकर भी गुजारा करना पड़ता था। आचार्यश्री ने कई बार अपनी कथाओं के दौरान भी बताया है कि उन्होंने कई रातें बिना भोजन किये भी बितायी हैं। एक बार की बात है, जब आचार्यश्री का आर्थिक तंगी की वजह से धैर्य टूट गया, तब उन्होंने अपने दादा गुरुजी से कहा कि आपके पास सभी लोग अपनी समस्या लेकर आते हैं और आप उनकी समस्याओं का निराकरण करते हैं। आज आप या तो हमें इस गरीबी से मुक्ति दिलाइए या कोई गढ़ा हुआ धन बता दीजिए जिससे कि हमारी गरीबी दूर हो सके, वर्ना आज से हमारा भगवान पर से विश्वास उठ जायेगा।

दूसरे दिन की बात है, गुरुदेव बहुत उदास थे, उन्होंने प्रण किया कि जब तक दादा गुरुजी उनकी समस्या दूर नहीं करेंगे तब तक वह उनके चरण नही छोड़ेंगे। जब आचार्यश्री अपने दादा गुरुजी से अपनी आर्थिक तंगी को ख़त्म करने के लिए आग्रह करने लगे, तब उस दिन दादा गुरुजी ने आचार्यश्री को बागेश्वर बालाजी के सामने खड़ा कर दिया और बोले, ''जो माँगना है। इनसे माँगो और अपने आप को इनको समर्पित कर दो।'' ऐसा बोलते ही आचार्यश्री ने पूरे अन्तर्मन से भगवान बालाजी के चरणों में अपने आप को समर्पित कर दिया, और थोड़ी ही देर में एक दिव्य प्रकाश बालाजी से प्रकट हुआ और वह दिव्य प्रकाश आचार्यश्री के अन्दर समाहित हो गया।

उस दिन की घटना के बाद से आचार्यश्री के अन्दर बदलाव होने लगा। धीरे-धीरे उन्हें आभास होने लगा जैसे कोई उनके सामने आता तो उन्हें अपने आप उसका नाम पता होने लगा। कई बार ऐसा होने लगा कि आचार्यश्री मैच देख रहे होते, तब उन्हें पहले से ही आभास हो जाता था कि कौन-सी टीम जीतने वाली है। वह जैसा आभास करते थे, वैसा होने लगता था। उनके मित्र इनके पास अपना रिजल्ट पूछने आने लगे। उनके ही एक बचपन के मित्र ने बताया कि एक दिन आचार्यश्री उनसे कहते हैं कि अपनी हथेली मेरी हथेली पर रखो, मैं तुम्हारी हथेली को गर्म कर सकता हूँ। जैसे ही उनके मित्र ने हथेली उनकी हथेली पर रखी, धीरे-धीरे उसका हाथ गर्म होने लगा। ऐसी कई घटनाएँ आचार्यश्री के साथ प्रतिदिन होने लगीं।

यह घटना दादा गुरुजी की देह त्यागने के पहले की थी। दादा गुरुजी का देहान्त सन् 2010 में हुआ था। उसके पहले दादा गुरुजी अपनी सारी सिद्धियाँ पं. धीरेन्द्र कृष्ण शास्त्री जी को सौंप गये थे। तभी से आचार्यश्री को सिद्धियाँ प्राप्त हुई और आचार्यश्री ने वर्ष 2010 से मानव कल्याण के लिए कार्य करना प्रारम्भ कर दिया।

लोकप्रियता का कारण

दादा गुरुजी ने पूर्व में ही अपनी सारी सिद्धियाँ बालाजी महाराज के समक्ष आचार्यश्री को सौंप दी थीं। दादा गुरुजी के देहांत होने के बाद आचार्यश्री ने बागेश्वर धाम में दरबार लगाना प्रारम्भ किया। दरबार में लोग आने लगे और उनकी मनोकामनाएँ पूरी होने लगीं। मीडिया में जैसे ही यह ख़बर फैली कि बागेश्वर धाम में कोई पं. जी हैं जो कि दरबार में लोगों की समस्याओं को बिना पूछे पर्चे में लिख देते हैं तो मीडिया के माध्यम से धीरे-धीरे यह ख़बर फैलने लगी। हज़ारों की तादाद में लोग बागेश्वर धाम आने लगे। इसके अलावा आचार्यश्री भागवत कथा करने लगे थे। भागवत कथा के साथ-साथ रामकथा, हनुमन्त कथा एवं दिव्य दरबार लगाने लगे थे। भागवत कथा को करते समय बुँदेली भाषा का प्रयोग करते थे, जो कि लोगों के दिलों में बस जाती थी। बुँदेली भाषा में कई ऐसे शब्द आचार्यश्री ने कथा करते समय व्यास गद्दी से कहे जो इससे पहले कभी किसी सन्त ने व्यास गद्दी से नहीं कहे थे। कई बार इसके लिए उनका व्यापक स्तर पर विरोध भी हुआ। आचार्यश्री के द्वारा कई मुद्दों पर अपनी निष्पक्ष राय रखी गयी। आचार्यश्री ने हिन्दुत्व की बात की एवं अपने धर्म के प्रति लोगों को जागरूक किया।

आचार्यश्री ने देश के सभी राज्यों में जा-जाकर अपना दिव्य दरबार लगाया, कथाएँ कीं। आचार्यश्री के द्वारा न केवल देश में बल्कि विदेशों में भी रामकथा, हनुमन्त कथा के माध्यम से हिन्दू धर्म का प्रचार किया। पूरे विश्व ने बागेश्वर धाम की शक्तियों को देखा। बागेश्वर धाम का इन्हीं सब कारणों से देश और दुनिया में नाम हो गया और बागेश्वर धाम धार्मिक आस्था का केन्द्र बन गया।

बागेश्वर धाम आश्रम

सीता

धीरेन्द्र कृष्ण शास्त्री से बागेश्वर धाम सरकार बनने तक का सफर

- सन्घर्ष के दिन
- स्कूल की घटना
- टीवी वाली घटना
- क्या हुआ जब हीरे मिले?
- दृढ़ संकल्प एवं प्रेरणा

संघर्ष के दिन

उगते हुए सूर्य का चित्र लगाने से या दौड़ते हुए घोड़ों का फोटो रखने से जिन्दगी में कभी सफलता नहीं आती।

जिन्दगी में सफल होना है तो सूर्य उगने से पहले जागना पड़ेगा और घोड़ों से ज्यादा तेज दौड़ना पड़ेगा, तभी जिन्दगी में सफलता कदम चूमती है।

–बागेश्वर धाम सरकार

आचार्यश्री का प्रारम्भिक जीवन बहुत ही संघर्ष भरा रहा। वह आज भी जब अपने बीते हुए कल को याद करते हैं, तब उनकी आँखें नम हो जाती हैं। वह अपने प्रवचनों में भी हमेशा कहते हैं कि जैसे दिन उन्होंने देखे हैं। भगवान किसी को न दिखाये। आचार्यश्री बचपन से ही धर्म पर विश्वास करने वाले एवं भगवान पर अटूट श्रद्धा रखने वाले रहे हैं। घर में माता-पिता के अलावा तीन भाई-बहन थे। पिता जी ज्यादा कमा नहीं पाते थे, खेती भी नहीं थी एवं परिवार में आय का कोई साधन नहीं था, जिसकी वजह से परिवार में आर्थिक तंगी थी। पूरा परिवार भिक्षा माँगकर जीवनयापन करता था। कई बार भरपेट खाने के लिए भी परिवार में अन्न नहीं होता था। गुरुदेव बताते हैं कि कई बार उन्होंने पानी पीकर पेट भरा है या कम पैसे होने

के कारण पारले जी के बिस्किट खाकर अपनी भूख मिटायी। परिवार में कई बार ऐसा होता था कि परिवार के सदस्यों को भरपेट खाना नहीं मिल पाता था। पहनने के लिए अच्छे कपड़े तक नहीं थे, एक या दो जोड़ी कपड़े परिवार के सदस्यों के पास हुआ करते थे। जिस उम्र में बच्चे अपना होश तक नहीं सँभाल पाते हैं, उस उम्र से गुरुदेव ने अपने परिवार की सम्पूर्ण ज़िम्मेदारी सँभाली। इतने संघर्ष के बाद भी गुरुदेव ने धर्म का मार्ग नहीं छोड़ा एवं हमेशा मानव कल्याण के लिए कार्य किया।

स्कूल की घटना

आचार्यश्री ने गाँव के ही सरकारी स्कूल से पढ़ाई की है। उनके पास एक जोड़ी कपड़े होते थे जिनको वह शाम को स्कूल से आने के बाद बिना साबुन के धो लिया करते थे और सुबह सुखाकर उन्हीं कपड़ों को दोबारा से पहन लेते थे। स्कूल में उनके सहपाठी उनका मज़ाक़ उड़ाया करते थे कि फिर से वही कपड़े पहन आये। जैसा कि पूर्व में बताया गया है कि आचार्यश्री बचपन से ही धार्मिक प्रवृत्ति के थे। आचार्यश्री खेल-खेल में भगवान के जयकारे लगवाया करते थे। वह तिलक लगाकर स्कूल जाया करते थे। कई बार खेल-खेल में उनके सहपाठी उनके माथे से तिलक मिटा दिया करते थे। उस समय उन्हें बड़ा दुःख होता था, लेकिन अपनी ग़रीबी के कारण वह अपने सहपाठियों से कुछ कह नहीं पाते थे। स्कूल में जब 15 अगस्त या 26 जनवरी का प्रोग्राम होता था, तब बच्चे नये-नये कपड़े पहनकर या ड्रेस पहनकर स्कूल आते थे। उस समय आचार्यश्री अपने वही पुराने कपड़े धोकर पहनते थे। इस प्रकार से कई बार वह अपनी ग़रीबी के कारण स्कूल में हँसी के पात्र बने।

15 अगस्त 2024 को स्वतन्त्रता दिवस के अवसर पर आचार्यश्री ने उसी शासकीय स्कूल में झण्डा फहराया, जिसमें उन्होंने बचपन में पढ़ाई की थी।

टीवी वाली घटना

आचार्यश्री ने टीवी वाली घटना का जिक्र कई बार अपने प्रवचनों में किया है। आज हम विस्तृत घटना का वर्णन, उनके ही शब्दों में यहाँ कर रहे हैं, ''हमारे पास एक पुराना झोंपड़ीनुमा मकान था। इसी मकान में हम, हमारे माता-पिता, हमारी बहन, और हमारा छोटा भाई; पाँचों लोग रहते थे। उस जमाने में टीवी का उतना प्रचलन नहीं था। हमारे पड़ोस के एक सज्जन ब्लैक एंड व्हाइट टीवी ले आये। पहले टीवी आमतौर पर कम घरों में होता था। मोहल्ले के सब लोग उनके यहाँ टीवी देखने जाते थे तो हम भी चले जाते थे। सबके बीच में बैठते थे। नया-नया शौक था। हमारी उम्र लगभग 8 से 10 साल की थी। एक बार की बात है, जिनके यहाँ टीवी देखने जाते थे, उन महोदय ने किसी बात पर रुष्ट होकर हमसे तो नहीं कहा लेकिन बगल में बैठी अपनी माँ से कहा कि 'रोज-रोज आ जाते हैं टीवी देखने, बन्द करो टीवी।' और उन्होंने टीवी बन्द कर दी। ऐसा सुनते ही हम तत्काल खड़े हुए और उनसे कहा-'सीताराम'। उन्होंने पलटकर सीताराम भी नहीं कहा। हमारी बचपन से ही हनुमान जी के प्रति भावनाएँ थीं। हमने उनको कुछ बोला नहीं कि हमारे कारण आपने

टीवी क्यों बन्द कर दी, हम आपके घर से चले जा रहे हैं। यह भी नहीं बोला कि हम आज से नहीं आयेंगे, बहुत हो गया। मुस्कराकर यही बोला–'सीताराम'। सामने ही घर था हमारा, हम आकर लेट गये। रात को 10–11 बजे होंगे। माँ ने पूछा–क्या हो गया, तो मैंने बोला कुछ नहीं। वह बात बार-बार दिमाग में चुभ रही थी। रोज-रोज देखने आ जाते हैं, रोज-रोज देखने आ जाते हैं। मैं एकान्त कोने में लगभग डेढ़ घण्टे तक रोया। हमारा मकान गाँव के एकदम लास्ट में था। कोने में एकान्त में हमने खूब आँसू बहाये और विनती करने लगे कि जैसा हमने भोगा है, भगवान करे ऐसा किसी के साथ न हो। हमने उन महाशय से कुछ नहीं कहा, बस मौन होकर प्रण लिया कि अब टीवी तभी देखेंगे जब अपने बाप का होगा। अगर अपना टीवी होगा, तभी टीवी देखेंगे, नहीं तो नहीं देखेंगे। बस जिन्दगी में जुनून सवार हुआ कि टीवी लेना है।"

आचार्यश्री बचपन से ही धार्मिक कर्मकाण्ड करने लगे थे। "अगर किसी अमीर आदमी के घर सत्यनारायण की कथा करने जायें और पूजा की तैयारी चलती हो और वह आदमी कह दे कि–'महाराज जी, जब तक पूजा की सामग्री लग रही है, आप इस कमरे में इन्तज़ार करिए,' तो मैं धूप में बैठ जाता था लेकिन उस रूम में नहीं बैठता था, जिसमें टीवी हुआ करता था, क्योंकि टीवी तो तभी देखेंगे जब अपना ख़ुद का होगा। नया-नया प्रचलन पहले वोल्वो बसों में चला था टीवी का। हम पढ़ लेते थे कि इसमें टीवी तो नहीं है, तभी उस बस में बैठते थे। और अगर है तो उसमें

नहीं जाते थे। एक बार की बात है, हमें याद है कि रात में कोई वाहन मिल नहीं रहा था। एक बस मिली, जिसमें टीवी थी। किस्मत भी कई बार बहुत तेज धक्का मारती है। मजबूरन उस बस में बैठना पड़ा। पूरी यात्रा में सब लोगों ने टीवी देखा। सभी यात्री टीवी में मस्त थे। पहले मोबाइल का तो इतना जमाना नहीं था कि मोबाइल में आदमी मस्त रहता। लेकिन हमारी नजर नीचे ही रही क्योंकि प्रण था कि जब तक अपना नहीं हो जायेगा, नहीं देखेंगे।

डेढ़ वर्ष के अन्दर 3800 रुपये का मैक्स कम्पनी का ब्लैक एंड व्हाइट टीवी खरीदा और लाकर घर पर रखा। सभी मोहल्लेवाले, आसपास के लोग हम पर हँसे कि कितना मूर्ख आदमी है, कितना पागल आदमी है, घर में खाने को नहीं है, भिक्षा माँगकर जीवन जीता है, मगर ठाट तो देखो राजाओं जैसे हैं, टीवी लेने चला है, टीवी देखेगा नवाब बनेगा। लेकिन हमारा संकल्प था कि टीवी देखेंगे तो खुद का देखेंगे। टीवी लाये, टीवी चालू किये, मोहल्ले के लोग और वह सज्जन भी आये। किस्मत से उनका टीवी जल गया था और हमारा टीवी नया था। अब इसमें यह मत मानना कि हम बचपन से ही शक्तिशाली थे, सिद्धियाँ प्राप्त थीं। हमने उस दिन 200 ग्राम बूँदी ली थी, कुछ लोगों को प्रसाद वितरण किया उसमें से थोड़ी बूँदी बचाके रख ली थी, क्योंकि हमें पता था कि वह सज्जन आयेंगे। आते ही वह बोले, 'महाराज जी, आप क्यों ले आये? टीवी अपना तो था। पैसे क्यों खर्च कर आये?' हमने कहा–'धन्यवाद।' वह बोले–'हम समझे नहीं।' हमने फिर से

कहा–'धन्यवाद!' उन्होंने कहा–'हम समझे नहीं!' हमने कहा, 'बूँदी खाओ।' वह बोले–'हम समझे नहीं!' हमने कहा–'यह तुम्हारी ही कृपा है, वरना हम ले नहीं पाते।' जिन्दगी में अगर लक्ष्य हो और गुरु–कृपा हो...एक दिन था जब किसी ने टीवी के लिए अपने घर से भगाया था, आज टीवी भी है और साधु जी आज टीवी पर भी आ रहे हैं। टीवी पर आने के पीछे कहीं न कहीं टीवी हमारे मन में था, उसी का परिणाम हुआ। जब से टीवी पर आये, वह टीवी निकल गया, लेकिन वह वाकया कभी नहीं भूलता। जिन्दगी में हमने जिस लक्ष्य को पाने को सोचा, गुरुजी ने कृपा की।

जिस पर गुरु की एवं हनुमान जी की कृपा हो, वह जिन्दगी की कोई भी मंज़िल प्राप्त कर जाता है।''

क्या हुआ जब हीरे मिले?

आचार्यश्री अपने भाई-बहनों में सबसे बड़े हैं, इसलिए वह हमेशा प्रयास करते थे कि उनका परिवार भी ग़रीबी से मुक्त हो जाये। जैसे कि पहले बताया कि आचार्यश्री के पास रहने के लिए घर नहीं था, पहनने के लिए अच्छे कपड़े नहीं थे और खाने के लिए भरपेट खाना नहीं होता था। इसलिए आचार्यश्री हमेशा सोचते थे कि कुछ बड़ा खजाना उनके हाथ लग जाये जिससे उनकी सारी परेशानियाँ खत्म हो जायें। एक-दो बार वह धन खोदने के लिए गाँव के बाहर गये थे, लेकिन खजाना प्राप्त नहीं हुआ। बाद में वह पन्ना की घाटी में हीरा खोदने के लिए अपने एक मित्र के साथ गये। कई बार उन्होंने प्रयास किया लेकिन कोई खजाना उनके हाथ नहीं लगा। और न ही हीरे मिले। एक बार आचार्यश्री ने संकल्प लिया कि इस बार तो हीरे लेकर ही घर वापिस आयेंगे। उन्होंने बहुत मेहनत की और लगभग पन्द्रह दिन तक हीरे खोजते रहे और इस बार बालाजी सरकार ने उन्हें निराश नहीं किया और उन्हें दो हीरे मिले, जिनकी कीमत 15000 और 27000 रुपये थी। बाद में उन्हें आभास हुआ कि ये हीरे उन्हें किसी पुनीत कार्य में लगाने हैं। उन्होंने दोनों हीरों को जौहरी के पास बेच दिया एवं जो भी धनराशि प्राप्त हुई, उसे धर्म के कार्य में लगा दिया।

दृढ़ संकल्प एवं प्रेरणा

हालाँकि आचार्यश्री का प्रारम्भिक जीवन संघर्षपूर्ण रहा, लेकिन उन्होंने कभी हार नहीं मानी और हमेशा भगवान पर भरोसा रखा। आचार्यश्री ने अपने लक्ष्य को पाने के लिए दिन-रात मेहनत की एवं बालाजी सरकार पर अपना विश्वास बनाये रखा। जिन्दगी में पूज्य गुरुदेव ने जिस लक्ष्य को पाने को सोचा, बालाजी सरकार की कृपा से सभी लक्ष्य प्राप्त किये। पूज्य गुरुदेव हमेशा कहते हैं, 'याद रखना, जिसकी जिन्दगी में हनुमान जी जैसा गुरु होता है, वह ज़िन्दगी की कोई भी मंजिल प्राप्त कर जाता है।' आचार्यश्री आज के युवाओं के लिए प्रेरणा स्रोत हैं कि आचार्यश्री के ऊपर कितनी भी मुसीबतें आयीं, उन्होंने कभी हार नहीं मानी। हमेशा धर्म के मार्ग पर चले और निरन्तर प्रयास करते रहे। बालाजी सरकार और गुरु पर विश्वास किया। उसी का परिणाम है कि आज पूरा विश्व बागेश्वर धाम की महिमा को देख रहा है और नतमस्तक हो रहा है।

पूज्य गुरुदेव कहते हैं कि जब कोई अपने गुरुजी के चरण दबाता है, उनकी शरण में जाता है, तब गुरुकृपा होती है। कोई कितना भी पिछड़ा क्यों न हो, जिसका गुरु बलवान होता है, जिसकी गुरु के प्रति अटूट निष्ठा होती है और गुरु की शिष्य पर कृपा हो जाती है तब उस व्यक्ति को रंक से राजा बनते देर नहीं लगती।

चुरारन की घटना

चुरारन की घटना के माध्यम से ऐसे रहस्य को आप लोग जान पायेंगे जो आज से पहले किसी मीडिया में आचार्यश्री द्वारा नहीं बताया गया है और बहुत कम लोग ही इस रहस्यमयी घटना के बारे में जानते हैं। वर्ष 2010 के बाद आचार्यश्री को अपनी सिद्धियों का थोड़ा-थोड़ा आभास होने लगा था।

सन् 2011 में चुरारन में नवरात्रि में दुर्गा जी की मूर्ति की स्थापना की जानी थी। आचार्यश्री की मित्र-मण्डली मिलकर दुर्गा जी की स्थापना कराती थी। उनकी मित्र- मण्डली किसी युवा पं. जी को सुबह-शाम पूजा-अर्चना के लिए ढूँढ़ रही थी। आचार्यश्री के मित्र ने उनसे पूछा कि नवरात्रि में पूजा-पाठ के लिए आप चुरारन आयेंगे क्या? आचार्यश्री बोले कि पूजा-पाठ करने के लिए तो नहीं आ पायेंगे, अगर भागवत कराना हो तो बताओ। ऐसा सुनते ही उनके मित्र को लगा कि नवदुर्गा में भागवत-कथा, कुछ देर सोचने के बाद उन्होंने कहा कि वह अपनी मित्र-मण्डली से बात कर लेते हैं या उन लोगों से आप मिल लो, फिर जैसा सभी का निर्णय होगा, वैसा करेंगे। मित्र-मण्डली जब आचार्यश्री से मिली तो सारे लोग महाराज जी से प्रभावित हो गये और बोले कि पं. जी तो यही ले चलना हैं (बुंदेली भाषा में-बाबा जू तो जेई लेत चलने।)। महाराज भी

सभी के हमउम्र थे, इसलिए सभी लोग उनसे प्रभावित हो गये और नवरात्रि में रोज भागवत कथा होने लगी। महाराज अच्छी संगीतमय भागवत कथा करने लगे, लोगों की अच्छी भीड़ आने लगी। कथा सुनने के लिए बच्चे से लेकर बूढ़े तक सभी लोग आने लगे, क्योंकि महाराज बीच-बीच में अपने बुन्देलखण्डी अन्दाज़ में चुटकुले छोड़ देते थे। इस तरह बड़े अच्छे तरीक़े से भागवत होने लगी।

चुरारन ग्राम में जहाँ पर दुर्गा जी की स्थापना हुई थी, वहाँ पर पहले से हनुमान जी का मन्दिर था। मंगलवार के दिन आचार्यश्री ने हनुमान जी की पूजा-अर्चना की, चोला बदला एवं प्रसाद लगाया, बाद में लोगों से कहा कि, "एक सुख की खबर है और एक दुःख की खबर है।" सभी बोले, "बतायें महाराज जी, क्या हो गया?" उन्होंने बताया कि, "हनुमान जी की प्रतिमा रो रही है। जैसे किसी अतिथि को बुलाया जाये और चाय-पानी के लिए न पूछा जाये तो कैसा लगेगा। वर्षों से आप लोगों ने स्थापना करके हनुमान जी महाराज को बुला तो लिया, लेकिन आज कोई पूजा-पाठ करने वाला नहीं है। यह बहुत ही दुखद खबर है कि हनुमान जी की प्रतिमा रो रही है। सुखद बात यह है कि यदि हनुमान जी प्रसन्न हो जायें तो इस गाँव की सारी समस्याएँ दूर हो सकती हैं।"

चुरारन गाँव में पहले अकाल मौतें हुआ करती थीं। बच्चे अपाहिज पैदा होते थे और जो महिला नवविवाहिता होकर आती थी, उसको नकारात्मक शक्तियाँ प्रभावित करती थीं। या तो वह गाँव छोड़कर चली जाती थी या बीमार रहने लगती थी।

आचार्यश्री ने बताया कि, ''आप लोगों ने हनुमान जी की स्थापना तो कर दी थी, लेकिन उसके बाद से कोई वहाँ पर पूजा-पाठ करने वाला नहीं था क्योंकि चुरारन गाँव में एक भी ब्राह्मण या ठाकुर परिवार नहीं रहता था और न ही कोई पं. वहाँ पूजा करने के लिए जाता था।'' आचार्यश्री ने कहा कि, ''यदि हनुमान जी के मन्दिर में रोज सुबह-शाम दीया या संध्या आरती होने लगे तो इस गाँव की सारी समस्याएँ दूर हो जायेंगी।'' गाँव के कुछ प्रतिष्ठित लोग इकट्ठे हुए और सभी ने निर्णय लिया कि यहाँ पर एक ब्राह्मण की व्यवस्था करते हैं जो रोज सुबह-शाम पूजा-पाठ करें। लेकिन बहुत प्रयास करने के बाद भी कोई ब्राह्मण चुरारन आने के लिए तैयार नहीं हुआ। बाद में गाँव के ही श्री हीरा कुशवाहा द्वारा सुबह-शाम पूजा-पाठ किया जाने लगा। उस दिन के बाद से गाँव में सकारात्मक माहौल है। अब अकाल मौतें नहीं होती हैं, महिलाएँ भी परेशान नहीं होती हैं एवं बच्चे भी स्वस्थ होने लगे हैं। एक प्रकार से कहा जाये कि जैसे और दूसरे गाँव होते हैं, वैसा ही माहौल चुरारन गाँव में हो गया है।

आज भी मन्दिर में श्री हीरा कुशवाहा के द्वारा सुबह-शाम पूजा-अर्चना की जाती है। यह दिव्य हनुमान जी का मन्दिर है और यहाँ की दिव्यता हम लोगों ने खुद अपनी आँखों से देखी है।

अन्नपूर्णा रसोई

अन्नपूर्णा रसोई

- अन्नपूर्णा रसोई
- विचार कहाँ से आया?
- पैसे कहाँ से आते हैं?
- अन्य मठों एवं मन्दिरों के लिए प्रेरणा

अन्नपूर्णा रसोई

पूज्य महाराज जी का संकल्प है कि धाम पर आने वाला कोई भी व्यक्ति भूखा न रहे, चाहे वह किसी भी जाति, धर्म या सम्प्रदाय का हो। इसलिए धाम पर अन्नपूर्णा रसोई की शुरुआत की गयी। यहाँ प्रतिदिन हजारों श्रद्धालु निःशुल्क भोजन-प्रसाद ग्रहण करते हैं। मंगलवार एवं शनिवार को तो लाखों की संख्या में भक्त धाम पर आते हैं और निःशुल्क भोजन-प्रसाद ग्रहण करते हैं। पहले रसोई का आकार छोटा था जिससे धाम पर आने वाले भक्तों को प्रसाद ग्रहण करने में परेशानी होती थी, क्योंकि धाम पर भक्तों की संख्या ज्यादा होती थी और रसोई में भीड़ के अनुसार पर्याप्त जगह नहीं थी। बागेश्वर धाम में पूज्य गुरुदेव ने बुन्देलखण्ड की सबसे आधुनिक रसोई का निर्माण इस वर्ष ही कराया है। यह रसोई लगभग एक एकड़ में तैयार करायी गयी है। जिस परिसर में भोजन-प्रसादी तैयार होती है, उसका आकार लगभग 400 X 100 फीट है। साथ ही लगभग 300 X 100 फीट में एक बड़े हॉल का निर्माण कराया गया है, जहाँ प्रसादी-वितरण किया जाता है। रसोई में प्रसादी-वितरण के लिए महिलाओं एवं पुरुषों के लिए अलग-अलग व्यवस्था की गयी है। अन्नपूर्णा रसोई में आधुनिक आटा गूँधने

की मशीन, रोटी बनाने की मशीन, रोटी सेंकने की मशीन एवं अन्य कई आधुनिक मशीनों के माध्यम से भोजन-प्रसाद तैयार किया जाता है।

अन्नपूर्णा रसोई नाम ही क्यों दिया?

बागेश्वर धाम में रसोई का नाम माँ अन्नपूर्णा रखने का कारण यह है कि माँ अन्नपूर्णा सारे संसार का भरण-पोषण करती हैं। माँ अन्नपूर्णा जगदम्बा का स्वरूप हैं। माँ अन्नपूर्णा का भण्डार हमेशा भरा रहता है एवं जहाँ माँ की कृपा होती है, वहाँ कभी धन-धान्य की कमी नहीं होती है। माँ अन्नपूर्णा रसोई नाम रखने से तात्पर्य यह भी है कि यह भण्डारा गढ़ा आने वाले समस्त श्रद्धालुओं के लिए है, इसलिए कभी भण्डारे में कमी न हो, चाहे लाखों लोग एक साथ प्रसाद ग्रहण करने आ जायें।

विचार कहाँ से आया?

आचार्यश्री की माँ हमेशा कहा करती थीं कि भले भूखे हो, लेकिन जब भी घर से निकलना मुस्कराते हुए निकलना ताकि कभी कोई पहचान न ले कि तुम भूखे हो, असहाय हो। आचार्यश्री कई बार भूखे रहे, स्कूल भूखे गये, रात में बिना खाये केवल पानी पीकर सो गये। लेकिन उनके मन में हमेशा से रहता था कि जब भी वह कुछ अच्छा करेंगे या बनेंगे, तब भूखे लोगों के लिए भण्डारा ज़रूर चलायेंगे ताकि कोई भूखा न रहे।

चूँकि आचार्यश्री का बचपन बहुत गरीबी में बीता और वह भिक्षा माँगकर अपने परिवार और अपना भरण-पोषण किया करते थे। उन्होंने आठ वर्ष तक भिक्षा माँगी। कई बार भिक्षा न मिलने पर भूखा भी रहना पड़ता था। वह बचपन से ही कथा एवं पूजा-पाठ करने लगे थे। उसमें जो भी मिल जाता था, घर पर अपने भाई-बहिन के साथ खा लिया करते थे। कई बार उन्होंने पारले-जी बिस्किट खाकर भी अपनी भूख मिटायी है। कई बार घर में आटा नहीं होता था या सब्ज़ी के लिए पैसे नहीं होते थे, तब सूखी रोटी खाकर ही या भूखे रहकर दिन बिताये हैं।

उनका हमेशा से सोचना था कि हे प्रभु बालाजी सरकार!

जैसी भूख को मैं सह रहा हूँ, ऐसा किसी और के साथ न हो। जैसे ही पं. श्री धीरेन्द्र कृष्ण शास्त्री जी पर बालाजी सरकार की कृपा हुई, उन्होंने माँ अन्नपूर्णा रसोई को प्रारम्भ किया। आचार्यश्री का कहना है कि वह पूरे भारत को तो नहीं खिला सकते, किन्तु धाम पर आने वाले सभी भक्तों के लिए दोनों वक्त अन्नपूर्णा रसोई में खाने की व्यवस्था करेंगे।

पैसे कहाँ से आते हैं?

अन्नपूर्णा रसोई के लिए पैसे : बागेश्वर धाम बालाजी सरकार में जो भी चढ़ावा/दान के रूप में पेटियों में राशि आती है, उसी राशि से अन्नपूर्णा रसोई संचालित की जाती है। पूज्य गुरुदेव का कहना है कि दानपेटी में या चढ़ौत्री में जो भी राशि आयेगी, उस राशि में से एक रुपये भी वह अपने निजी उपयोग के लिए नहीं लेंगे।

पूज्य गुरुदेव हमेशा कहते हैं कि जो धर्म के मार्ग पर चलता है, वह दु:ख को भी सुख में बदलने की क्षमता रखता है। उनका मानना है कि लगाम हमेशा धर्म की होनी चाहिए। इससे इन्सान अपने कर्तव्य-पथ से कभी नहीं भटकता। उनकी माता जी एक कहानी हमेशा आचार्यश्री को सुनाया करती थीं, एक बार की बात है, एक महात्मा जी नदी में स्नान करने जाते हैं, तभी वह देखते हैं कि एक बिच्छू नदी में डूब रहा होता है। महात्मा जी उस बिच्छू को अपनी हथेली पर रखकर ऊपर उठा लेते हैं। जैसे ही वह उसको ऊपर उठाते हैं, बिच्छू डंक मार देता है। महात्मा जी को खून आ जाता है और उनके हाथ से बिच्छू छूटकर पुन: पानी में गिर जाता है। जब वह डूबने लगता है, तब महात्मा जी दोबारा से उस बिच्छू को अपनी हथेली पर उठाते हैं। बिच्छू दोबारा से डंक मार देता है। डंक मारते ही

महात्मा के हाथ से छूटकर बिच्छू पुनः पानी में गिर जाता है। जब महात्मा जी तीसरी बार बिच्छू को पानी से उठाते हैं, उसी समय सामने खड़े एक आदमी ने, जो यह सब देख रहा था, महात्मा जी से कहा, ''क्या आप मूर्ख हैं, जो बिच्छू बार-बार आपको डंक मार रहा है, उसके बावजूद आप उसको बचा रहे हैं?'' महात्मा जी कहते हैं, ''बिच्छू का काम है डंक मारना, और मरते-मरते भी वह अपना यह धर्म नहीं छोड़ रहा है तो मैं जीते-जी अपना धर्म कैसे छोड़ दूँ।''

ऐसे ही आचार्यश्री चाहे कितनी भी परेशानी में रहे हों, उन्होंने अपना धर्म का मार्ग कभी नहीं छोड़ा। आज बागेश्वर धाम में चाहे लाखों-करोड़ों की राशि दान-पेटी में आ जाये, वह उसमें से एक रुपया भी निजी उपयोग के लिए नहीं लेते हैं। कई बार दान-पेटी में अपनी तरफ से सहयोग भी कर देते हैं।

अन्य मठों एवं मन्दिरों के लिए प्रेरणा

बागेश्वर धाम सरकार में माँ अन्नपूर्णा रसोई के माध्यम से समस्त श्रद्धालुओं या आने वाले भक्तों को निःशुल्क और बिना किसी भेदभाव के भोजन प्रसाद के रूप में उपलब्ध कराया जाता है। भोजन-प्रसाद सभी के लिए एक जैसा दिया जाता है। प्रसाद ग्रहण करते समय सभी धर्म, सम्प्रदाय एवं वर्गों के लोग एक साथ बैठकर भोजन करते हैं। जिससे विश्व-बन्धुत्व की भावना एवं सामाजिक समरसता को बढ़ावा मिलता है। चाहे कोई बड़ा नेता हो, अभिनेता हो, अधिकारी हो, कोई भी हो, सभी मिलकर बिना ऊँच-नीच या भेदभाव के भोजन-प्रसाद ग्रहण करते हैं। देश के कई मन्दिरों, आश्रमों एवं मठों में बागेश्वर धाम सरकार की तरह ही भण्डारे के माध्यम से आने वाले श्रद्धालुओं को भोजन-प्रसाद ग्रहण कराया जाता है। लेकिन जिन मन्दिरों या मठों या आश्रमों में ऐसी व्यवस्था नहीं है, वहाँ के लिए बागेश्वर धाम एक प्रेरणा का स्रोत है।

कन्या-विवाह

कन्या-विवाह

- महाशिवरात्रि महोत्सव
- कन्या-विवाह
- कन्या-विवाह का विचार
- वर्तमान एवं भविष्य की योजना

महाशिवरात्रि महोत्सव

बागेश्वर धाम में प्रतिवर्ष महाशिवरात्रि के पावन अवसर पर लगभग एक सप्ताह तक धार्मिक अनुष्ठानों का आयोजन होता है, जिसमें देश-विदेश से लाखों भक्त धर्म-लाभ लेने आते हैं। वर्ष 2022 में शिवरात्रि के अवसर पर जगद्गुरु स्वामी श्री रामभद्राचार्य जी महाराज के द्वारा रामकथा बागेश्वर धाम में की गयी थी। वर्ष 2023 में 13 फरवरी से 19 फरवरी तक बागेश्वर धाम में माँ अन्नपूर्णा महायज्ञ, रामलीला, श्रीहनुमन्त कथा एवं भजन संध्या का आयोजन किया गया था। इसी तरह वर्ष 2024 में 1 मार्च 2024 से 8 मार्च 2024 तक शिवरात्रि महोत्सव और 1 मार्च से 7 मार्च तक श्रीमद्भागवत कथा परमपूज्य श्री इन्देश उपाध्याय जी वृन्दावन के द्वारा एवं 108 कुण्डीय अति विष्ण ु महायज्ञ श्री बालक योगेश्वर दास जी बद्रीनाथ वाले महाराज के द्वारा भारत के अमरवीर बलिदानियों के पुण्य-स्मरण में आयोजित किया गया था।

बागेश्वर धाम में वर्ष 2023 में शिवरात्रि के पावन अवसर पर सामूहिक कन्या-विवाह में मलूकपीठाधीश्वर श्री राजेन्द्रदास जी महाराज, ब्रिटेन से आये राज राजेश्वर जी महाराज, किशोरदास जी महाराज, अनिरुद्धाचार्य जी महाराज, मध्य प्रदेश के पूर्व मुख्यमन्त्री श्री शिवराज सिंह चौहान जी,

भाजपा के प्रदेश अध्यक्ष और खजुराहो सांसद बीडी शर्मा जी, कैबिनेट वन मन्त्री विजयशाह, ब्रिटेन राजपरिवार के प्रतिनिधि साईमन ओवन्स, श्री बालक योगेश्वर दास जी महाराज बद्रीनाथ वाले आदि कई हस्तियाँ मौजूद रहीं।

इसी प्रकार बागेश्वर धाम में वर्ष 2024 में शिवरात्रि के पावन अवसर पर सामूहिक कन्या-विवाह में मलूकपीठाधीश्वर श्री राजेन्द्रदास जी महाराज; इन्देश उपाध्याय जीए कथावाचक; श्री बालक योगेश्वर दास जी महाराजए बद्रीनाथ वाले; मध्य प्रदेश के मुख्यमन्त्री डॉ. श्री मोहन यादव जी; भाजपा के प्रदेश अध्यक्ष और खजुराहो सांसद बीडी शर्मा जी; उपमुख्यमन्त्री राजेन्द्र शुक्ल; अभिनेता गोविन्द नामदेव; कैबिनेट मन्त्री विजयशाह; राकेश सिंह जी, गोविन्द सिंह जी, सोनू निगम गायक; द ग्रेट खली उर्फ़ दलीपसिंह राणा रेसलर; मनोज तिवारी जी इत्यादि शामिल हुए।

वर्ष 2025 के महाशिवरात्रि महोत्सव में पूज्य दीदी माँ ऋतम्बरा जी के द्वारा 22 से 26 फरवरी तक कथा एवं हनुमन्त महायज्ञ का आयोजन संरक्षक श्री बाल योगेश्वरदास जी महाराज (बद्रीनाथ) के सान्निध्य में होगा।

कन्या-विवाह

पूज्य गुरुदेव हमेशा अपने प्रवचनों में कहते हैं कि जिनका कोई नहीं होता है, उनका बागेश्वर बालाजी हमेशा साथ देते हैं। आज बागेश्वर धाम में प्रतिवर्ष गरीब एवं बेसहारा कन्याओं का विवाह पूरे रीति-रिवाज के साथ कराया जाता है एवं विवाह में कन्याओं को गृहस्थी में उपयोग होने वाली सारी सामग्री उपहार स्वरूप धाम की ओर से दी जाती है।

कब से आरम्भ किया गया : बागेश्वर धाम में आचार्यश्री के द्वारा गरीब कन्याओं का विवाह वर्ष 2019 से प्रारम्भ किया गया था। हर वर्ष बागेश्वर धाम में शिवरात्रि पर्व के अवसर पर सामूहिक कन्या-विवाह में कन्याओं के विवाह सम्पन्न कराये जाते हैं।

वर्ष 2019 से लगातार बागेश्वर धाम में महाशिवरात्रि के अवसर पर कन्या-विवाह का आयोजन किया जाता है। वर्ष 2019 में 17 कन्याओं का विवाह हुआ था। वर्ष 2020 में कोरोना महामारी के कारण बागेश्वर धाम में कन्याओं का विवाह कार्यक्रम नहीं हो सका था। वर्ष 2021 में 21 कन्याओं का जबकि वर्ष 2022 में 108 कन्याओं का विवाह कराया गया था। वर्ष 2023 में 121 कन्याओं का विवाह प्रस्तावित था लेकिन बाद में 125 कन्याओं का विवाह कराया गया।

वर्ष 2024 में महाशिवरात्रि के पर्व पर 151 कन्याओं का विवाह प्रस्तावित था, लेकिन कन्या-विवाह के दिन तक 05 अतिगरीब कन्याओं के जोड़े और आ जाने से 156 कन्याओं का विवाह सम्पन्न हुआ। वर्ष 2024 में प्रत्येक कन्या को एक मोटरसाइकिल, वॉशिंग मशीन, एलईडी टीवी, फ्रिज, कूलर, अलमारी, सोफा सेट, डबल बेड एवं अन्य गृहस्थी की सामग्री उपहारस्वरूप दी गयी थी।

पूज्य गुरुदेव ने वर्ष 2025 में महाशिवरात्रि के पर्व पर 251 कन्याओं का विवाह किये जाने की घोषणा की है। जिसमें 108 गरीब आदिवासी परिवारों की बेटियों और 143 अन्य समाज की बेटियों की शादियाँ होंगी।

कन्या-विवाह का विचार

कन्या-विवाह का विचार कहाँ से आया?

जिनका कोई नहीं होता है, उनके बागेश्वर भगवान होते हैं।

पूज्य महाराज जी बताते हैं कि एक समय ऐसा था जब उनके पास पैसे नहीं थे और छोटी बहिन की शादी करनी थी। उसकी शादी तय हो गयी थी लेकिन शादी के इन्तजाम के लिए घर में रुपये नहीं थे। वह बहुत परेशान थे। कई जगह रुपये माँगने गये, लेकिन हर जगह निराशा ही हाथ लगी। यहाँ तक कि उन्होंने अपने रिश्तेदारों से भी सम्पर्क किया, लेकिन कहीं से कोई मदद नहीं मिली। बहुत प्रयास करने के बाद भी जब कहीं से कोई मदद नहीं मिली तब वह निराश हो गये और एक दिन उन्होंने अपनी व्यथा अपने मित्र को बतायी। वह अपनी व्यथा बताते-बताते भावुक हो गये और रोने लगे। उनके मित्र ने उनको सांत्वना दी और अपनी मोटरसाइकिल पर बैठाकर बमीठा ले गये। वहाँ चाय पिलायी और कहा कि, "आपकी बहिन मेरी बहिन है, आप बिल्कुल भी चिन्ता मत कीजिए।" शादी को दस दिन शेष रह गये थे, शादी के लिए धन के अभाव में एक भाई को कैसे नींद आती। मित्र गुरुदेव को धीरू भाई कहकर

बुलाते थे। उन्होंने धीरू भाई का हाथ पकड़ा और कहा, "आज से दोनों मिलकर बहिन की शादी की तैयारियाँ करेंगे।" दूसरे दिन उन्होंने आचार्यश्री को बीस हज़ार रुपये लाकर दिये और दहेज के सामान की भी व्यवस्था करने लगे। पंगत से लेकर बिदाई तक दोनों मित्रों ने एक-दूसरे का पूरा साथ दिया और शादी अच्छे से सम्पन्न करायी।

तभी आचार्यश्री ने दृढ़ संकल्प लिया था कि जैसे वह अपनी बहिन की शादी के लिए पैसों के अभाव में दर-दर भटके हैं, वैसा कोई और भाई या पिता अपनी बहिन/बेटी के लिए परेशान न हो। सामूहिक कन्यादान का विचार पुज्य गुरुदेव जी के मन में यहीं से आया था। पूज्य महाराज जी बताते हैं कि आज भी वह दिन याद है जब लोग निमन्त्रण के कार्ड पर पिता जी का नाम नहीं लिखते थे, कई रिश्तेदार भी भूल जाते थे, क्योंकि हम कुछ दे नहीं सकते थे, गरीब थे, इसलिए संसार ने साथ छोड़ दिया था। अब बालाजी की ऐसी कृपा हुई कि जब से बालाजी ने हाथ पकड़ा है तब से ऐसा कोई दिन नहीं जाता जब कोई न कोई निमन्त्रण न आया हो। आचार्यश्री हमेशा कहते हैं कि किसी के यहाँ शादी में जा पाओ या न जा पाओ, उन बेटियों की शादी में जरूर जाना जिनके घर वालों की आर्थिक स्थिति अच्छी नहीं होती है। ऐसी बेटियों की शादियों में बिना बुलाये भी चले जाना चाहिए जो गरीब होती हैं, और कुछ-न-कुछ मदद जरूर करनी चाहिए।

वर्तमान एवं भविष्य की योजना

बागेश्वर धाम में पूज्य गुरुदेव के सान्निध्य में साल भर धार्मिक अनुष्ठानों का आयोजन किया जाता है। महाशिवरात्रि महोत्सव के अलावा होली मिलन समारोह, गुरुपूर्णिमा महोत्सव एवं पूज्य गुरुदेव का जन्मोत्सव कार्यक्रम भी धाम में आयोजित किया जाता है। बागेश्वर धाम में वर्ष 2025 में छठवें कन्या-विवाह में 251 कन्याओं का विवाह महाशिवरात्रि के अवसर पर होना प्रस्तावित है। पूज्य गुरुदेव का संकल्प है कि महाशिवरात्रि के अवसर पर बागेश्वर धाम से एक दिन 1100 कन्याओं का विवाह सम्पन्न हो। बागेश्वर धाम में एक मैरिज हाउस का निर्माण भी जल्द ही कराया जायेगा, जिससे पूरे साल कन्याओं का विवाह-कार्यक्रम होगा एवं कुछ उपहार सामग्री धाम की ओर से कन्याओं को प्रदान की जायेगी।

दिव्य दरबार एवं अर्जी

- दिव्य दरबार
- दिव्य दरबार की परम्परा कहाँ से प्रारम्भ हुई?
- अर्जी क्या होती है?
- अर्जी कैसे लगाते हैं?
- पेशी क्या होती है?

दिव्य दरबार

वर्तमान में पं. धीरेन्द्र कृष्ण शास्त्री जी के द्वारा दिव्य दरबार लगाया जाता है। दिव्य दरबार में हजारों-लाखों लोग एक साथ बैठते हैं। आचार्यश्री उन बैठे हुए भक्तों में से किसी को भी बुलाकर उसके बारे में सब कुछ बता देते हैं। वह जो भी प्रश्न लेकर दरबार में आता है, आचार्यश्री बिना उससे पूछे पर्चे पर समस्या और उसका समाधान बता देते हैं।

यह दिव्य दरबार देश-विदेश में कई जगह लग चुका है। देश-विदेश के तमाम बड़े वैज्ञानिक, मीडियावाले एवं अन्य सभी लोग हैरान-परेशान होते हैं कि महाराज जी किसी के मन की बात कैसे जान लेते हैं। आचार्यश्री कहते हैं कि गुरु की कृपा हो तो सब कुछ सम्भव है।

देश-विदेश के मीडिया ने कई बार दिव्य दरबार में जाकर कैमरे के सामने हकीकत जानना चाहा कि आख़िरकार कोई बाबा किसी के मन की बात उससे बिना पूछे कैसे पर्चे पर लिख देते हैं। और वह बात सौ प्रतिशत सत्य होती है।

आचार्यश्री खुले मंच से मीडिया के सामने कहते थे कि लाखों की भीड़ में किसी को भी खड़ा कर दो, जो पर्चा वह पहले से लिख चुके हैं। वह उसी इन्सान का होगा। दिव्य दरबार में आचार्यश्री सबके सामने लोगों की समस्याओं का

निराकरण करते हैं। चाहे कोई असाध्य रोगों से परेशान हो या कोई भूत-प्रेत बाधा हो, सभी का निराकरण आचार्यश्री अपने दिव्य दरबार में कर देते हैं।

दिव्य दरबार की परम्परा कहाँ से प्रारम्भ हुई?

बागेश्वर धाम सरकार में संन्यासी बाबा बागेश्वर मन्दिर के प्रथम पुजारी थे। उनको बालाजी सरकार की सिद्धियाँ प्राप्त थीं। संन्यासी बाबा इन सिद्धियों का उपयोग जनहित में करते थे, जिससे लोगों की मनोकामनाएँ पूरी होती थीं एवं उनके कष्ट दूर होते थे। बाद में पं. धीरेन्द्र कृष्ण शास्त्री के दादा जी को भी वही सिद्धियाँ प्राप्त हुई, जिनके सहारे वह लोगों की समस्याएँ दूर करने लगे, लोगों की अर्जियाँ बालाजी दरबार में लगाने लगे। दादा गुरुजी स्लेट पर लोगों की समस्याएँ उनसे बिना पूछे लिख दिया करते थे। वास्तविकता में कहा जाये तो दादा गुरुजी ने ही बागेश्वर धाम में दरबार लगाने की प्रथा प्रारम्भ की थी। सन् 2010 में दादा गुरुजी के देहान्त के बाद वही सिद्धियाँ पं. धीरेन्द्र कृष्ण शास्त्री जी को विरासत में मिलीं। पं. धीरेन्द्र कृष्ण शास्त्री के पूर्व उनके चाचा जी के ऊपर भी बालाजी सरकार की कृपा थी और वह भी लोगों की समस्याएँ उनसे बिना पूछे पर्चे पर लिख दिया करते थे। बाद में इनके चाचा जी का देहान्त हो गया था।

पं. धीरेन्द्र कृष्ण शास्त्री जी के द्वारा दरबार प्रथा को विस्तृत रूप दिया गया। आचार्यश्री ने बागेश्वर धाम के अलावा

जहाँ-जहाँ उनकी कथाएँ हुई, वहाँ उन्होंने दिव्य दरबार लगाया और लोगों की समस्याओं का समाधान किया।

अर्जी क्या होती है? : अर्जी का अर्थ होता है कि आप जो भी मनोकामना लेकर धाम पर आते हैं या आप जिस भी समस्या का समाधान बालाजी सरकार से कराना चाहते हैं, वह आपकी अर्जी कहलाती है। बागेश्वर धाम सरकार में अपनी समस्याओं के समाधान हेतु अर्जियाँ लगायी जाती हैं। बागेश्वर धाम में लाखों लोग अपनी अर्जी लगाते हैं, जैसे-कोई इन्सान गम्भीर बीमारी से पीड़ित है और उसको डॉक्टरों ने मना कर दिया है, तब वह अपने अच्छे स्वास्थ्य के लिए अर्जी लगाता है। अर्जी का सरल शब्दों में कहा जाये तो एक ही मतलब है कि जो भी श्रद्धालु बागेश्वर धाम से जो कुछ भी माँगता है या बालाजी सरकार से चाहता है, उसको ही अर्जी कहते हैं।

अर्जी कैसे लगाते हैं? : आचार्यश्री द्वारा बताये अनुसार अर्जी दो प्रकार से लगायी जा सकती है-

1. बागेश्वर धाम पहुँचकर और
2. घर से

आमतौर पर लाखों की तादाद में लोग अपनी मनोकामना पूर्ति के लिए बागेश्वर धाम सरकार जाते हैं और वहाँ पर बालाजी सरकार के दर्शन करके उनके समक्ष अपनी अर्जी लगाते हैं। जो लोग बागेश्वर धाम सरकार नहीं जा पाते हैं, वे अपनी अर्जी घर से ही लगाते हैं। अर्जी लगाने के लिए मंगलवार एवं शनिवार को उपयुक्त दिन माना गया है। बागेश्वर धाम में अर्जी लगाने के लिए आपको लाल वस्त्र में नारियल बाँधना होता है और वह नारियल ले जाकर धाम में बाँधना पड़ता है। यदि आप घर बैठकर अर्जी लगा रहे हैं तब आपको

लाल कपड़े में नारियल को बाँधकर पूजा-स्थल पर रख देना होता है एवं 'ओम बागेश्वराय नमः' मंत्र का 108 बार जाप करके अर्जी लगानी होती है। अर्जी लगाते समय बालाजी सरकार का ध्यान करते हुए नीचे लिखे हुए शब्दों का प्रयोग करना चाहिए-

"हे बागेश्वर धाम प्रभु! हे बालाजी! हे संन्यासी बाबा! हे कलयुग के राजा! हम पर कृपा करो, हम पर दया करो, हमारी अर्जी सुनो। हम जीवन-पर्यन्त आपके चरणों से, आपके धाम से, आपके दरबार से जुड़े रहेंगे वचन देते हैं। हमारी अर्जी सुनो। आपकी जय हो।" बालाजी को मन ही मन प्रणाम करें।

यदि आपकी अर्जी स्वीकार हो जाती है तो लगातार दो दिवस तक सपने में बन्दर दिखाई देते हैं। घर के किसी भी सदस्य को सपने में बन्दर दिखाई देंगे, तब आप मानें कि आपकी अर्जी स्वीकार हो गयी है। यदि ऐसा नहीं होता है, तब आपकी अर्जी स्वीकार नहीं होती है और आपको पुनः मंगलवार या शनिवार को बालाजी सरकार के समक्ष अर्जी लगानी होती है।

पेशी क्या होती है? : बागेश्वर धाम सरकार के समक्ष आप जो भी अर्जी लगाते हैं, उसके लिए आपको बालाजी सरकार से प्रार्थना करनी होती है। पेशी का सरल भाषा में अर्थ है धाम पर जाकर बालाजी सरकार के दर्शन करना एवं उनसे अपनी अर्जी को पूरा करने की प्रार्थना करना। जैसे-किसी को पाँच पेशी करनी होती हैं, किसी को 11 एवं किसी को 21 पेशी करनी होती हैं। किसी की मनोकामना 1 या 2 पेशी में भी पूरी हो जाती है। पेशी का मतलब जितनी बार पेशी, उतने मंगलवार या शनिवार को बागेश्वर धाम में आना होता है।

सनातन एकता पदयात्रा

- यात्रा का उद्‌देश्य
- यात्रा का विचार क्यों?
- यात्रा कहाँ कहाँ?
- यात्रा का संकल्प
- पूज्य गुरूदेव बागेश्वर धाम सरकार की पाती

यात्रा का उद्देश्य

सनातन एकता पदयात्रा पूज्य गुरुदेव के द्वारा बागेश्वर धाम से ओरछा नगरी तक आयोजित की गयी थी। जिसमें गुरुदेव की पाती एवं यात्रा के बारे में उन्हीं के शब्दों में यहाँ वर्णन कर रहे हैं–

भारत एक भौगोलिक सीमाओं से घिरा हुआ देश न होकर एक जीवन–शैली है। एक विचार है जो वसुधैव कुटुम्बकम् को आत्मसात किये हुए है।

यह यात्रा भारत–भूमि से जात–पाँत के भेदभाव को मिटाने के लिए की जा रही है। ऊँच–नीच और जात–पाँत का जहर हमारी भारत–भूमि को दीमक की तरह कमजोर कर रहा है। भारत देश तभी प्रगति करेगा जब समाज में आपसी सामंजस्य व प्रेम रहेगा।

भारत–भूमि पर जन्मे इस देश के सभी भाई–बहन खुद को भारत माता की सन्तान मानकर इस देश की प्रगति के लिए एकजुट होकर पुरुषार्थ करें, यही इस यात्रा का उद्देश्य है।

न कोई दलित, न कोई पिछड़ा, न कोई अगड़ा, हम सभी हिन्दू हैं। कश्मीर से कन्याकुमारी, हिमालय और माँ गंगा की यह पवित्र भूमि भारत हम सभी ऋषियों की पूज्यभूमि है। यह धरती हमारी माता है। इस सम्पूर्ण भूमण्डल पर रहने वाली

भारत माता की संताने अपने सनातन संस्कृति और प्राचीन परम्पराओं पर गौरव करें, अपने महापुरूषों का सम्मान करें। अपनी भाषाओं, बोलियों, रीति-रिवाजों और अपने शास्त्रों, संतों, ऋषियों का वन्दन करें तभी हम इस प्राचीन महान राष्ट्र को पुनः विश्वगुरु बना सकते हैं।

सभी हिन्दू एक-दूसरे के प्रति ईर्ष्या, द्वेष, भेदभाव और ऊँच-नीच का भाव मिटाकर प्रेम, एकता, सद्भाव और समानता का भाव जगायें। अपनी प्राचीन संस्कृति का अनुसरण करते हुए हिन्दू एकता के बल पर अपने बच्चों का पालन-पोषण करें। यह सिखायें की हम सब हिन्दू एक हैं यह धरती हमारी माता है। राम हमारे आराध्य हैं।

इस सनातन एकता पद-यात्रा में हिन्दू समाज के लगभग 39 वर्ग, 53 धाार्मिक, व्यावसायिक, सामाजिक संगठन एवं पूरे भारत वर्ष के साधु समाज की सहभागिता रहेगी। इस नौ दिवसीय हिन्दू एकता पद-यात्रा में आठ रात्रि विश्राम पड़ाव होंगें एवं लगभग 158 किलोमीटर की पद-यात्रा होगी।

यात्रा का विचार क्यों?

भारत की वर्तमान परिस्थितियों को यदि देखें तो हिन्दुओं के जात-पाँत ऊँच-नीच अगड़े-पिछड़े में बँटे होने कारण जगह-जगह हिन्दुओं पर अत्याचार हुआ है।

जातिवाद की भयंकर मानसिकता के कारण सनातन के शास्त्र 'श्रीरामचरितमानस को जलाना, हिन्दू बेटियों पर अत्याचार, कोलकाता की बेटी की लज्जा भंग कर निर्दयतापूर्ण हत्या करना, पालघर के सन्तों को बर्बरतापूर्वक मारना, बांग्लादेश में हिन्दुओं के साथ बर्बरता का होना व व्यापार से वंचित करना, उनकी बहू-बेटियों की इज्जत के संग खिलवाड़ करना एक दूषित मानसिकता का कारण है। इन सबको दृष्टिकोण में रखते हुए कि कल के दिन देश के अन्य हिन्दुओं के साथ भी कुतत्सित घटना घटित होगी तो हिन्दू कहाँ जाएगा? हिन्दू एकत्रित नहीं हैं संघटित नहीं हैं। दुनिया में किसी भी देश के धर्म पर किसी भी मजहब के लोगों पर यदि कोई संकट आता है तो वह अपने देश चले जाते हैं।

वर्तमान समय कि परिस्थितियों को देखकर बड़ा दुःख होता है कि सूरीनाम, म्यांमार, नेपाल, फिजी व अन्य देशों में रहने वाले अप्रवासी हिन्दुओं के ऊपर अत्याचार होने पर उनके पास भारत आने का विकल्प रहता है किन्तु भारत के हिन्दुओं

पर अत्याचार व बर्बरता होने पर उन्हे किसी भी देश में शरण प्राप्त नहीं हो सकेगी, इसको दृष्टिगत करें तो पाया जाता है कि हिन्दू इसलिए परेशान है क्योंकि हिन्दू जाति-पाँति में विभक्त है। भारत में हिन्दू नहीं रहता बल्कि जातियों में बँटा हुआ समाज रहता है। हिन्दुओं को इस ऊँच-नीच जात-पाँत से ऊपर उठना पड़ेगा। पूज्य गुरुदेव जो की समाज के उच्च वर्ग से आते हैं, देश व समाज की स्थिति को देखकर दुखी व चिन्तित है। इसके लिए देश-व्यापी जागरूकता व क्रांति की आवश्यकता है।

यात्रा कहाँ-कहाँ

सनातन एकता यात्रा श्री बागेश्वर धाम से श्री ओरछा धाम तक लगभग 158 किलोमीटर की थी जिसमें पूज्यनीय गुरुदेव सहयात्रियों के साथ सनातन एकता के लिए पैदल गाँव-गाँव होकर गये। इस सनातन एकता यात्रा में 8 जगह रात्रि विश्राम लिया, प्रमुख स्थान व विश्राम स्थल पर पूज्यनीय गुरुदेव ने सभा को सम्बोधित व समाज का अह्वान किया। इस यात्रा में भारत के सभी वन्दनीय व पूज्य संतो व सभी क्षेत्रों के सम्मानित ख्यातिमान लोगों का मार्गदर्शन प्राप्त हुआ।

पूज्य गुरुदेव पिछड़े व विछड़े लोगों को साथ में लेकर चलें, हिन्दू एकता के लिए लोगों को शपथ दिलायी, लोगों को प्रेरित किया कि हिन्दू भाई.बहन मस्तक पर तिलक लगाकर गाँव-गाँव जाकर के लोगों को सनातन एकता के लिए प्रेरित करें।

इस सनातन एकता पदयात्रा के सम्पन्न होने के बाद द्वितीय यात्रा दिल्ली से श्रीवृंदावन धाम, तृतीय यात्रा लखनऊ से श्री अयोध्या धाम एवं चतुर्थ यात्रा बैल्लौर से श्री तिरुपति बालाजी धाम तक करने का विचार है। सनातन एकता पदयात्रा में न केवल भारत के सभी समाजों के भगवानों की झांकी, सभी समाजों के प्रमुख सन्तों की झाँकी बल्कि सभी समाजों के

प्रमुख लोगों को साथ लेकर चलने का संकल्प लिया गया और लोगों ने सहमति दी। अपितु भारत के अप्रवासी हिन्दु, नेपाल और दुबई के हिन्दुओं द्वारा पारम्परिक वेषभूषा में सहयात्री बनने हेतु सहयोग दिया गया।

यात्रा का संकल्प

हम सभी लोग विश्व की सबसे प्राचीन धर्म परम्परा और अपने पूर्वजों के सनातन धर्म का कट्टरता से पालन करेंगे।

हम सभी लोग जातिवाद रूपी जहर से कमजोर होते हिन्दुत्व को बलशाली बनाने के लिए पूर्ण सामर्थ्य से हिन्दू एकता के लिए कार्य करेंगे।

हम सभी लोग ब्रह्मा, विष्णु, महेश सहित सनातन धर्म के सभी देवी–देवताओं पर पूर्ण निष्ठा और विश्वास रखेंगे एवं इनका उपहास उड़ाने वालों को अपनी सामर्थ्य अनुसार जवाब देंगे।

हम सभी लोग भारत को हिन्दू राष्ट्र बनाने के लिए जातियों में बँटे अपने समाज को एकजुट करेंगे एवं हर सनातनी के हृदय में हिन्दू राष्ट्र की मनोकामना जगायेंगे एवं हिन्दुओं को आर्थिक रूप से मजबूत बनाने के लिए उनका सहयोग करेंगे।

अपने बच्चो को तर्कवादी सनातनी बनाने के लिए उन्हें हिन्दू ग्रन्थों का अध्ययन करायेंगे एवं वैदिक शिक्षा देंगे।

हम सभी प्रत्येक शनिवार, मंगलवार को अपने घर के आसपास स्थित किसी एक मन्दिर में एकत्रित होकर हनुमान चालीसा का पाठ करेंगे।

हम सभी गाय, गंगा, गौरी, गीता, गायत्री एवं गुरु के प्रति सदा पूर्ण निष्ठा से समर्पित रहेंगे।

पूज्य गुरुदेव बागेश्वर धाम सरकार की पाती

प्रियजनो,

जय श्रीराम, जय बागेश्वर धाम, भारत एक अद्भुत देश है, जो भौगोलिक सीमाओं से घिरा हुआ देश न होकर एक जीवन-शैली है, एक विचारधारा है, भारत ही एक मात्र ऐसा देश है, जो पूरी दुनिया को वसुधैव कुटुम्बकम् के रूप में देखता है, परिवार के रूप में देखता है, लेकिन हमारे देश को वर्तमान में कमजोर किया जा रहा है। इस देश को आगे बढ़ने के लिए अगर सबसे बड़ा अवरोध है, तो वो है ऊँच-नीच, जाँत-पात, छुआछूत, भेदभाव का जहर। यह जहर भारत भूमि को दीमक की तरह कमजोर कर रहा, भारत की प्रगति में अवरोध उत्पन्न कर रहा, परिवार परिवार को तोड़ रहा, समाज को तोड़ रहा है। भारत के सनातनी हिन्दुओं पर अत्याचार किया जा रहा है।

इस देश में ना कोई दलित है, ना कोई पिछड़ा है, ना कोई अगड़ा है, हम सब हिन्दू हैं हिन्दुस्तान हमारा है। हम सब सनातनी हैं, कश्मीर से कन्याकुमारी तक भारत हमारा

है। हिमालय और माँ गंगा की यह पवित्र भूमि, श्री बागेश्वर बालाजी की यह पवित्र भूमि हमारी माता है। हमें अपनी सन्तानों को सम्पति के साथ-साथ संस्कृति देकर जाना है, उनकी रक्षा के लिऐ प्राचीन परम्परा, रीति-रिवाज, हिन्दुत्व की वन्दना, ऋषियों की वन्दना, हिन्दू एकता की वन्दना देकर जाना है। ऊँच-नीच, भेदभाव, जात-पाँत को मिटाकर हमको हर हाल में इस प्राचीन राष्ट्र को पुनः विश्वगुरु बनाना है। वर्तमान परिस्थिति में 'रामचरितमानस' जलाना हो, हिन्दू बेटियों पर अत्याचार हो, पालघर के सन्तों को निर्दयता के साथ मारना हो अथवा फिर मूर्ति-पूजा पर पथराव हो, राम-यात्रा पर पथराव हो, राम के होने पर सबूत माँगे गये हों, इनसे यह निश्चित होता है, कि प्रायोजित तरीके से हिन्दू सनातन संस्कृति को बर्बाद करने का, ध्वस्त करने का कुछ लोगों ने ठेका ले रखा है। इसलिए अब हमें अपनी बहन-बेटियों की इज्जत के लिए, आने वाली पीढ़ी और संस्कृति के सम्मान को बचाने के लिए जात-पाँत और भेदभाव को मिटाकर हिन्दू एकता का भाव जगाना पड़ेगा।

इसी भाव को लेकर हमने श्री बागेश्वर धाम से उत्तर प्रदेश की सीमा पार करते हुए मध्य प्रदेश में विराजमान श्री राम राजा सरकार ओरछा तक 158 किलोमीटर की यह यात्रा प्रस्तावित की है। मेरे द्वारा संकल्प लेकर जात-पाँत, ऊँच-नीच, भेदभाव, छुआछूत को मिटाने के लिए 21 नवम्बर से 29 नवम्बर 2024 तक प्रतिदिन 18-20 किलोमीटर की पदयात्रा करना तय किया है, हम पैदल चलकर पिछड़े और बिछड़े लोगों को गले लगायें, जात-पाँत को मिटाने के लिए

सभी बागेश्वर धाम परिवार के सदस्य एक-दूसरे को शपथ दिलवायेंगे। मस्तक पर तिलक लगाकर हिन्दू एकता का सन्देश पूरी दुनिया को बतायेंगे, ताकि हिन्दू एक हो सकें और भारत के सनातनी हिन्दू बच सकें और अत्याचार करने वाले लोगों के कान खड़े हों कि अब हिन्दू एक हो गया है। हम जुड़कर रहेंगे, मिलकर रहेंगे तो कोई बाल बांका नहीं कर पायेगा। इसलिए अब हमको टूटना नहीं है, अब हमको जुड़ना है। आओ हम सब मिलकर एक ओम ध्वज के नीचे आये, देश, धर्म, संस्कृति को बचायें।

"करो या मरो की बारी है, भारत पर संकट भारी है"

"भेदभाव और जात-पाँत को जड़ से हमें मिटाना है, हमें भारत भव्य बनाना है"

हमारी यह पाती आप तक पहुँच रही है, आप सपरिवार 21 नवम्बर से 29 नवम्बर तक इस पदयात्रा में सम्मिलित होकर हिन्दु एकता के लिए अपने गाँव में अपने समाज में अपने परिवार में एकता, समरसता हेतु वचन देना, संकल्प दिलाना, प्रारम्भ करें।

जय बागेश्वर धाम की, श्री बाला जी महाराज से आपके परिवार के लिए हम प्रार्थना करते हैं, अर्जी लगाते हैं।

।। श्रीसीताराम ।।

देश-विदेश

देश

देश एवं दुनिया में हिन्दुत्व की अलख जगाने वाले बुन्देलखण्ड के जाने-माने कथावाचक पं. धीरेंद्र कृष्ण शास्त्री जी भारत देश के कोने-कोने में जाकर भागवत कथा, रामकथा, हनुमन्त कथा, भजन-कीर्तन, दिव्य दरबार इत्यादि के माध्यम से सनातन धर्म का परचम लहरा रहे हैं।

आचार्यश्री के द्वारा पूरे वर्ष बागेश्वर धाम के साथ-साथ देश एवं विदेश में कथाएँ की जाती हैं।

देश के सभी राज्यों में पूर्व से पश्चिम, असम से गुजरात, एवं उत्तर से दक्षिण, जम्मू-कश्मीर से तमिलनाडु तक महानगरों और प्रमुख शहरों में जाकर सनातन धर्म का प्रचार-प्रसार कर रहे हैं। आचार्यश्री देश के सभी साधु-सन्तों से मिलते हैं एवं देश के कई प्रमुख शहरों जैसे-दिल्ली, मुम्बई, पटना, प्रयागराज, नागपुर, रायपुर, भोपाल, हरिद्वार ऋषिकेश, कानपुर, बेंगलुरु, हैदराबाद, चेन्नई, गुवाहाटी, पठानकोट आदि में जाकर वहाँ के हिन्दुओं को जगाने हेतु सनातन धर्म का प्रचार-प्रसार कर रहे हैं।

विदेश

पूज्य गुरुदेव सनातन धर्म का परचम पूरे विश्व में फहरा रहे हैं। वह अलग-अलग देशों में जाकर वहाँ पर रह रहे हिन्दुओं को जगाने का प्रयास कर रहे हैं। गुरुदेव वसुधैव कुटुम्बकम् की बात करते हैं और विश्व भर में रह रहे हिन्दुओं को उनकी संस्कृति के साथ-साथ सुरक्षा के लिए जागृत कर रहे हैं।

ऑस्ट्रेलिया यात्रा : बागेश्वर धाम में 4 जुलाई को आचार्यश्री का जन्मोत्सव कार्यक्रम मनाया गया। उसके बाद वह 6 जुलाई 2024 को ऑस्ट्रेलिया के लिए रवाना हो गये। ऑस्ट्रेलिया में 6 जुलाई से 17 जुलाई 2024 तक आचार्यश्री की श्रीहनुमन्त कथा, दिव्य दरबार एवं गुरु-दीक्षा कार्यक्रम ब्रिस्बेन, मेलबर्न एवं सिडनी में प्रस्तावित था।

जिस समय आचार्यश्री मेलबर्न में अपनी कथा कर रहे थे उसी समय मुकेश अंबानी के बेटे अनन्त अंबानी के आशीर्वाद समारोह कार्यक्रम में पूरे देश से साधु-संतों को आमन्त्रित किया गया था। अनन्त अंबानी जी ने आचार्यश्री से आशीर्वाद कार्यक्रम में आने के लिए आग्रह किया। लेकिन आचार्यश्री ने उन्हें बताया कि वह ऑस्ट्रेलिया में कथा कर रहे हैं, इसलिए वह कार्यक्रम में उपस्थित नहीं हो सकते। तब अनंत अंबानी जी ने आचार्यश्री से आग्रह किया कि आप कार्यक्रम में पध रे, कार्यक्रम में आने के लिए वह निजी विमान भेज रहे हैं। आचार्यश्री उनके आग्रह को मना नहीं कर सके और अनंत अंबानी द्वारा भेजे गये निजी विमान से वह 13 जुलाई 2004 को मुम्बई में अनंत अंबानी के आशीर्वाद समारोह में सम्मिलित

होकर 14 जुलाई को वापिस निजी विमान से मेलबर्न पहुँचे। मेलबर्न के बाद आचार्यश्री सिडनी के लिए रवाना हुए। सिडनी में आचार्यश्री के द्वारा हनुमन्त कथा एवं सनातन धर्म की शिक्षा के सहायक से वहाँ रह रहे भारतीयों को जागरूक किया एवं जीवन जीने की कला सिखायी।

फिजी यात्रा : परमार्थ निकेतन ऋषिकेश में ऊर्जा संचय समागम में तीन दिवसीय समागम के बाद आचार्यश्री फिजी की यात्रा के लिए निकले।

फिजी में भारी संख्या में रहने वाले भारतीय मूल के निवासी कितने समय से पं. धीरेंद्र कृष्ण शास्त्री जी से कथा के लिए आग्रह कर रहे थे। इस आग्रह पर आचार्यश्री का तीन दिवसीय कार्यक्रम 29 जुलाई से 31 जुलाई 2024 तक फिजी के नाड़ी शहर में प्रस्तावित था। जैसे ही बागेश्वर धाम सरकार फिजी पहुँचे सबसे पहले उन्होंने मुरुगन स्वामी मंदिर पहुँचकर भगवान के दर्शन की एवं पूजा, आरती की। इसके बाद बागेश्वर सरकार श्रीहनुमन्त कथा के लिए कथा स्थल पर पहुँचे। वहाँ फिजी के उप-प्रधानमंत्री विलियामे गवाको के द्वारा बागेश्वर धाम सरकार का स्वागत किया गया एवं विश्व सनातन संस्था के अध्यक्ष एवं सांसद परवीन बाला द्वारा भी स्वागत किया गया।

फिजी में श्रीहनुमन्त कथा का शुभारम्भ दोनों देशों के राष्ट्रगान से किया गया। पहले फिजी का राष्ट्रगान हुआ इसके बाद भारत का राष्ट्रगान हुआ। इसके बाद श्रीहनुमन्त कथा बागेश्वर धाम सरकार द्वारा की गयी एवं विदेश की धरती पर

प्रेतराज सरकार का महा दिव्य दरबार लगाया गया। माँ अन्नपूर्णा सेवा का महाप्रसाद हजारों श्रद्धालुओं को बाँटा गया। हजारों बच्चों को सनातन की शिक्षा द्वारा जीवन जीने की कला से अवगत भी बागेश्वर सरकार ने कराया।

न्यूजीलैंड यात्रा : फिजी के बाद आचार्यश्री न्यूजीलैंड के लिए रवाना हो गये। आचार्यश्री के द्वारा न्यूजीलैंड के ऑकलैंड में 'द ट्रस्ट एरिना' में 3 अगस्त 2024 से 5 अगस्त 2024 तक श्रीहनुमन्त कथा, कीर्तन, हनुमान चालीसा एवं दिव्य दरबार के माध्यम से सनातन धर्म का प्रचार-प्रसार किया गया। न्यूजीलैंड से आते समय आचार्यश्री अल्प समय के लिए डॉ. अब्दुल्ला से दुबई में मिले। दुबई से भारत आने के बाद आचार्यश्री दिसम्बर 2024 में पाँच दिन के लिए लंदन गये।

दुबई यात्रा : नेपाल, दुबई एवं इंग्लैण्ड की यात्रा : आचाय श्री ने वर्ष 2022 में लंदन, वर्ष 2023 में नेपाल, दुबई, लंदन एवं वर्ष 2024 में श्री नेपाल, दुबई एवं लंदन की यात्राएं की। आचार्यश्री की इन यात्राओं का उद्देश्य विदेशों में रह रहे हिन्दुओं को सनातन धर्म की शिक्षा के साथ-साथ उनको एक जुट करना था।

पूज्य गुरुदेव फिजी, न्यूजीलैंड, ऑस्ट्रेलिया एवं दुबई के अलावा नेपाल, इंग्लैंड (ब्रिटेन) जैसे अन्य देशों में भी भागवत कथा, रामकथा, श्रीहनुमन्त कथा, भजन-कीर्तन एवं दिव्य दरबार इत्यादि के माध्यम से सनातन धर्म का प्रचार-प्रसार कर रहे हैं।

सम्मान

बागेश्वर महाराज की लोकप्रियता केवल भारत देश में सीमित नहीं है, बल्कि पूरे विश्व में है। बागेश्वर धाम महाराज के भक्त भारत में ही नहीं बल्कि विदेशों में भी फैले हुए हैं। वर्ष 2022 में बागेश्वर महाराज लन्दन प्रवास पर गये थे। वहाँ भी बागेश्वर महाराज ने अपना दिव्य दरबार लगाया। उनके दरबार को पूरी दुनिया ने देखा। उन्होंने अपने दिव्य दरबार में लोगों की समस्याएँ सुनीं एवं उनका निराकरण किया।

इस यात्रा के दौरान अंग्रेजों ने उनसे अंग्रेजी सीखने को कहा, जिस पर बागेश्वर महाराज ने कहा कि अगर हम अंग्रेजी सीख गये तो इसका मतलब हम तो तुम्हारे रंग में रँग गये, इसलिए तुम हिन्दी सीख लो।

पं. धीरेन्द्र कृष्ण शास्त्री को इंग्लैंड की संसद में सम्मानित किया गया। ब्रिटेन की संसद के द्वारा बागेश्वर महाराज को **सन्त शिरोमणि, वर्ल्ड बुक ऑफ लन्दन एवं वर्ल्ड बुक ऑफ यूरोप** के अवार्ड से सम्मानित किया गया। इंग्लैंड की संसद में जब आचार्यश्री उपस्थित थे, तब पूरी संसद जय श्रीराम के नारों से गूँज उठी। उन्होंने बताया कि उन्होंने ब्रिटेन की संसद में नौ बार जय श्रीराम के नारे लगवाये। यह सम्मान

उन्हें बागेश्वर धाम में किये जा रहे मानव–सेवा के कार्यों के लिए दिया गया है।

उल्लेखनीय है कि बागेश्वर पीठाधीश्वर पं. धीरेन्द्र कृष्ण शास्त्री वर्तमान में देश के उन सन्तों में शुमार हैं जिन्हें करोड़ों लोग फॉलो करते हैं। उनको देश और दुनिया के कई धार्मिक संगठनों ने सम्मानित किया है। आज बागेश्वर सरकार की लोकप्रियता लोगों के सर चढ़कर बोल रही है।

Hospital Building

Yagya
Shala

वर्तमान एवं भविष्य की योजना

- जनसेवा
- वृद्धाश्रम
- अन्नपूर्ण रसोई
- गरीब और बेसहारा कन्याओं का विवाह
- गौरक्षा
- बागेश्वर बगीचा
- वैदिक गुरुकुल
- कैंसर हॉस्पिटल
- हिन्दू राष्ट्र का संकल्प
- अखण्ड भारत

अष्टादश पुराणेशु व्यासस्य वचनद्वयम्।
परोपकारः पुण्याय पापाय परपीड़नम्।।

महर्षि वेद व्यास जी ने 18 पुराणों के निचोड़ के रूप में दो ही बातें बतायी हैं। दूसरों का उपकार या परोपकार करने से बड़ा कोई पुण्य का कार्य नहीं है और दूसरों को दुःख देने से बड़ा कोई पाप नहीं है।

बागेश्वर महाराज जैसे महापुरुष का हमारी इस पावन धरती पर होना गर्व की बात है। वे न जाति, न धर्म और न ही समुदाय, बिना किसी भेदभाव के मानव सेवा को अपना धर्म समझते हैं।

जनसेवा : पं. धीरेन्द्र कृष्ण शास्त्री जी आज विश्व के सबसे लोकप्रिय सन्तों में से एक हैं। बागेश्वर धाम में आचार्यश्री के द्वारा अनेकों जनहित के कार्य किये जा रहे हैं। बागेश्वर धाम में प्रतिदिन हजारों-लाखों श्रद्धालु बालाजी सरकार के दर्शन करने आते हैं। आचार्यश्री के द्वारा श्रद्धालुओं के लिए निःशुल्क ठहरने एवं भोजन की व्यवस्था धाम में की गयी है। माँ अन्नपूर्णा रसोई में प्रतिदिन सुबह और शाम हज़ारों लोगों का भोजन बनता है। आचार्यश्री का मानना है कि जो भी श्रद्धालु या भक्तगण धाम पर आयेगा, उसकी निःशुल्क भोजन की व्यवस्था करायी जायेगी। इसी प्रकार से प्रतिवर्ष गरीब कन्याओं के सामूहिक विवाह सम्मेलन का आयोजन किया जाता है, जिसमें 400 से ज़्यादा कन्याओं के विवाह सम्पन्न कराये जा चुके हैं। बागेश्वर धाम में पूरे वर्ष धार्मिक अनुष्ठानों का आयोजन किया जाता है, जिसमें देश-विदेश से बड़े-बड़े साधु,

सन्त, कथावाचक एवं नेता-अभिनेता इत्यादि सम्मिलित होते हैं। बागेश्वर धाम में लाखों लोग धार्मिक अनुष्ठानों में सम्मिलित होकर धर्म-लाभ लेते हैं, जिससे उनकी मनोकामनाएँ पूर्ण होने के साथ-साथ लोगों में धर्म के प्रति आस्था बढ़ रही है एवं बिना किसी जाति, भेदभाव के आपस में भाईचारे की भावना का विकास हो रहा है।

वृद्धाश्रम : पूज्य गुरुदेव जी हमेशा से चाहते हैं कि वृद्धावस्था में कोई भी माता-पिता परेशान न हो, इसके लिए बागेश्वर धाम में वृद्धाश्रम बनवाया जायेगा। वह अपने प्रवचनों में हमेशा कहते हैं कि काश बेटियों को माता-पिता की सेवा करने का अधिकार प्राप्त हो जाये तो भारत में एक भी वृद्धाश्रम नहीं बचेगा। बेटियाँ अपने परिवार से कितनी भी दूर क्यों न हो जायें, लेकिन माता-पिता के हमेशा करीब रहती हैं और बेटों से बढ़कर माता-पिता की चिंता करती हैं।

पूज्य गुरुदेव कहते हैं : "अपने लिए न जीकर दूसरों के लिए जियें। अपना पूरा समय मानवता की सेवा और सनातन धर्म के उत्थान के लिए समर्पित करें।"

अन्नपूर्णा रसोई : हर रोज हजारों और मंगलवार एवं शनिवार को तो लाखों लोगों के लिए निःशुल्क भोजन-प्रसाद की व्यवस्था की जाती है। इसे भविष्य में और वृहद् स्वरूप में लाया जाना प्रस्तावित है।

गरीब और बेसहारा कन्याओं का विवाह : जिनका कोई नहीं उनके लिए बागेश्वर बालाजी महाराज हैं। गरीब एवं बेसहारा कन्याओं का विवाह पूरे रीति-रिवाज के साथ कराया जाता है साथ ही बेटी को गृहस्थी में उपयोग होने वाला हर

सामान उपहार स्वरूप प्रदान किया जाता है।

गौरक्षा : हमारे देश में गाय को माता की तरह पूजा जाता है। पूज्य गुरुदेव ने गौरक्षा के लिए लोगों को प्रेरित करने हेतु नारा दिया है कि 'गौशाला नहीं उपाय, एक हिन्दू एक गाय।' गुरुदेव का मानना है कि गौमाता की रक्षा के लिए सभी हिन्दुओं को एक साथ आना चाहिए। इसलिए वह कहते हैं कि केवल गौशालाएँ गौ माता की रक्षा नहीं कर सकती हैं। इसके लिए प्रत्येक हिन्दू भाई को एक गाय पालनी चाहिए। अगर कोई एक गाय नहीं पाल सकता है या उसके रखने में कोई दिक्कत है, तब अगर आपके आसपास कोई गरीब गाय पाल रहा है तो आप हर महीने कुछ धनराशि देकर उसका सहयोग भी कर सकते हैं। इससे गौमाता की सेवा का पुण्य-लाभ सहयोग करने वाले को प्राप्त होगा एवं गायों की रक्षा भी हो जायेगी।

बागेश्वर बगीचा : पर्यावरण संरक्षण हेतु बागेश्वर महाराज की अनूठी पहल है बागेश्वर बगीचा। देशभर में पर्यावरण संरक्षण के प्रति जागरूकता पैदा करने हेतु बागेश्वर बगीचे का निर्माण कराया जा रहा है। 3000 पौधों का बागेश्वर बगीचा छतरपुर जिले में बनाया गया है। इस प्रकार के बागेश्वर बगीचे पूरे देश में पर्यावरण संरक्षण के लिए बनाये जा रहे हैं।

वैदिक गुरुकुल : पूज्य गुरुदेव जी की सोच है कि भारतीय संस्कृति एवं संस्कृत भाषा का प्रचार-प्रसार दुनिया भर में हो। बागेश्वर धाम के प्रांगण में भी एक वैदिक गुरुकुल की स्थापना की जा रही है, जहाँ बच्चों को आधुनिक शिक्षा के साथ-साथ वेद-पुराणों का ज्ञान भी दिया जायेगा। इसके लिए

वैदिक गुरुकुल निर्माणाधीन है। जल्द ही वैदिक गुरुकुल बनकर तैयार हो जायेगा।

बागेश्वर धाम में वर्ष 2024 के महाशिवरात्रि महोत्सव के अवसर पर सामूहिक कन्या-विवाह में परमपूज्य गुरुदेव द्वारा खजुराहो के समस्त मन्दिरों में पूजा-अर्चना करने के लिए शासन से माँग की गयी। सामूहिक कन्या-विवाह में सम्मिलित हुए मध्य प्रदेश के मुख्यमन्त्री डॉ. मोहन यादव जी ने आचार्यश्री के प्रस्ताव पर सहमति जताते हुए अपने उद्‌बोधन में कहा कि सभी धार्मिक स्थलों का विकास किया जायेगा। पुरातत्त्व की दृष्टि से मन्दिरों में पूजा रोकी गयी थी लेकिन शासन की मंशा है कि पुरातन समय के खजुराहो के सभी मन्दिरों में पूजा-पाठ प्रारम्भ हो जिसके लिए राज्य सरकार की ओर से केन्द्रीय गृह मन्त्रालय भारत सरकार को प्रस्ताव भेजा जायेगा।

कैंसर हॉस्पिटल

पूज्य गुरुदेव जी ने कैंसर हॉस्पिटल बनाने का संकल्प लिया था। कैंसर हॉस्पिटल बनाने का विचार पूज्य गुरुदेव जी के मन में वास्तविक जीवन की एक घटना से आया। एक बार की बात है कि एक भक्त गुरुदेव के पास कैंसर से पीड़ित अपनी पत्नी को लेकर आया। गुरुदेव ने देखा कि उसने अपनी सारी जमापूँजी पत्नी के गहने एवं जमीन बेचकर पत्नी का इलाज कराया था। अन्त में जब इलाज के लिए और पैसों की आवश्यकता पड़ी तो उसने अपने आप को भी बेच दिया। इस घटना ने गुरुदेव को अन्दर से झकझोर दिया। गुरुजी ने उसी दिन संकल्प लिया कि जिस दिन उनके ऊपर बालाजी की कृपा होगी, वह गरीब कैंसर पीड़ित लोगों के लिए कैंसर हॉस्पिटल का निर्माण करायेंगे।

23 फरवरी 2025 को बागेश्वर धाम में साधु-सन्तों और गणमान्य नागरिकों की उपस्थिति में कैंसर हॉस्पिटल का भूमिपूजन किया जायेगा, जहाँ गरीब मरीजों को निःशुल्क स्वास्थ्य सेवाएं मिलेंगी। इस हॉस्पिटल में देश-विदेश के डॉक्टर भी अपनी सेवाएँ देंगे।

पं. धीरेन्द्र कृष्ण शास्त्री जी द्वारा जो कैंसर हॉस्पिटल का निर्माण कराया जाना है, उसकी अनुमानित लागत 200 करोड़

रुपये है। इसके लिए पूज्य गुरुदेव जी देश में विभिन्न स्थलों पर जाकर अपनी कथा के माध्यम से इस पुनीत कार्य में सहयोग करने के लिए आग्रह कर रहे हैं।

हिन्दू राष्ट्र का संकल्प : पूज्य गुरुदेव कई मंचों से भारत को हिन्दू राष्ट्र बनाने की बात कह चुके हैं। कई बार उनके इस संकल्प के लिए उनकी आलोचना भी हुई है। जब पूज्य गुरुदेव से मीडियावालों ने हिन्दू राष्ट्र की कल्पना के बारे में उनका विचार जानना चाहा, तब उन्होंने कहा कि एक बार हिन्दू राष्ट्र बन जाने से विभिन्न धर्म, सम्प्रदाय, वर्ग इत्यादि को मानने वालों में कभी कोई मतभेद नहीं होगा एवं सभी धर्मों के लोग आपस में भाईचारे के साथ राष्ट्रहित में सहयोग करेंगे।

अखण्ड भारत : आचार्यश्री का मानना है कि भारत हमेशा से अन्य देशों के लिए प्रेरणास्रोत रहा है। उनका सपना है कि भारत विश्वगुरु बने एवं अखण्ड भारत का निर्माण हो, जिससे सम्पूर्ण विश्व का कल्याण हो और सनातन धर्म का डंका पूरे विश्व में गूँजे।

गुरुजी की अमृतवाणी

गुरुजी के मन्त्र– "साधु जी सीताराम।"
"जय बाला जी सरकार।"
"मेरे पागलो।"

"ठठरी बाँध दें।"
"ठठरी के बरे, लूगर लगे।"
"हम सर नोंई गुरुजी आयें।"
"हम तो हनुमान जी के दास हैं।"
"जो हनुमान जी का दास है, वो हर मैटर में पास है।"

लड़कियों के लिए : "जो हनुमान जी का दास वह हर मैटर में पास, राम जी का हो जाता खास, हनुमान जी के चरणों में मिल जाता निवास, विवाह होने के बाद मिल जाती अच्छी सास।"

"मोबाइल चैटिंग और सैटिंग न किसी की हुई है और न हो सकती है।"

गौरक्षा के लिए : "गौरक्षा नहीं उपाय, एक हिन्दू एक गाय।"

आप क्या चाहते हैं हनुमान जी से : सनातन धर्म और हिन्दू राष्ट्र। अगर हिन्दू राष्ट्र बन गया तो हम अखण्ड भारत की माँग करेंगे।

''दुनिया ने बहुत कोशिश की मुझे रुलाने की, लेकिन मेरी जिम्मेदारी उठा रखी थी हनुमान जी ने हँसाने की।''

''मैं अगर तड़पूँ तो तड़पूँ मगर तुम न मेरे लिए तड़पना, तुम अगर तड़पे तो फिर मशहूर हो जाऊँगा मैं।

मैं अगर देखूँ तो देखूँ मगर तुम न मुझको देखना, तुमने अगर देखा तो फिर आँखों से बहुत दूर हो जाऊँगा मैं।

मैं अगर चाहूँ तो चाहूँ मगर तुम न मुझको चाहना, तुमने अगर चाहा तो फिर मगरूर हो जाऊँगा मैं।''

सफलता के लिए : ''उगते हुए सूर्य का चित्र लगाने से या दौड़ते हुए घोड़ों का फोटो रखने से जिन्दगी में कभी सफलता नहीं आती।

जिन्दगी में सफल होना है तो सूर्य उगने से पहले जागना पड़ेगा और घोड़ों से ज्यादा तेज दौड़ना पड़ेगा, तभी जिन्दगी में सफलता कदम चूमती है।''

चाय और चाह दोनों जरूरी हैं : परमात्मा को पाने की चाह, इन्सान के लिए चाय।

चाह : ''चाह पैसों से आनों में आती रही, चाह आनों से रुपया बनाती रही।

चाह रुपयों से नोट बनाती रही, चाह नोटों से कोठी चुनाती रही।

चाह कोठी में मोटर मँगाती रही, चाह मोटर से होटल में जाती रही।

चाह होटल में बोतल खुलाती रही, चाह क्या-क्या न करती-कराती रही।

चाह पाली जिन्होंने वो पीले हुए, चाह छोड़ी जिन्होंने वो

रसीले हुए।

चाह जी से लगी जी जरा हो गया, चाह हरि से लगी जी हरा हो गया।

अब एक चाह हमको चाहिए, चाह अगर हनुमान जी की हो तो फिर क्या चाहिए।''

चाय : केटली गर्भ संभूतम्, शक्कर-पत्ती मिश्रितम्
कप मध्ये विराजते देवी, ओम चाय चण्डिकाय नमो नमः।

''आहार शुद्ध होगा तो विचार भी शुद्ध होगा।''

माता-पिता के लिए : ''असली हीरो तुम्हारे माँ-बाप हैं। टीवी में आने वाले वासना के अलावा और कुछ नहीं सिखाते हैं। टीवी में जो दिखाया जाता है वो रियल में नहीं होता है, पर कुछ लोग उसके चक्कर में माँ-बाप को छोड़ देते हैं।''

''माँ-बाप इस धरती के भगवान हैं। माँ-बाप इस धरती के ईश्वर हैं।''

''पूजा-पाठ करो या न करो, माँ-बाप की पूजा कल से ही करो।''

''माँ एकदम सरल होती है। बेटा या बेटी भले कितना ही गलत क्यों न हो, माँ उसका ही पक्ष लेती है।''

''माँ-बाप से बढ़कर कोई नहीं है।''

गरीब और असहाय के लिए : ''खुद मालिक मत बनो, नौकर बनकर रहो।''

''इतना बड़ा बनो कि छोटा तुम्हारे साथ खड़ा होकर अपने आपको बड़ा महसूस करे।''

धर्म एवं भगवान के लिए : ''रूठी थी किस्मत मेरी अब मेहरबान हो गयी, ठाकुर के नाम से जमाने में अपनी भी पहचान हो गयी।''

''अगर हुआ धर्म पर घात तो मैं प्रतिघात करूँगा, मैं सिर्फ हिन्दू हूँ सिर्फ हिन्दुत्व की बात करूँगा।''

''गरीबों के त्योहार नहीं होते हैं, गरीब का केवल परमात्मा होता है।''

''प्रभु को मत भूलना, एक दिन अपना भी समय आयेगा।''

''जो धार्मिक है वह दुख को भी सुख में बदलने की क्षमता रखता है।''

''भजन कर मस्त जवानी में, बुढ़ापा किसने देखा है।''

''हमारी पार्टी का नाम है बजरंगबली,

हमारी पार्टी का निशान है मुग्दर,

हमारी पार्टी का नारा है 'जो राम का नहीं, वह किसी काम का नहीं।' ''

''अगर कम कपड़े पहनने को आप मॉडर्न जमाना मानते हो तो तुमसे ज्यादा मॉडर्न तो हमारी भैंसिया है जो बिल्कुल कपड़े नहीं पहनती है।''

''हाथी चले बाजार, कुते भौंके हजार।''

''अभी सूरज नहीं डूबा, जरा-सी शाम होने दो, बदनाम करने का बहाना ढूँढ़ता है जमाना, मैं खुद बदनाम हो जाऊँगा, पहले मेरा नाम तो होने दो।''

गर्व से कहो हम बागेश्वर धाम वाले हैं : ''लगा के आग दौलत में हमने ये शौक पाले हैं, कोई पूछे तो कह देना हम

बागेश्वर वाले हैं।''

''हँसा करो हँसाया करो, बागेश्वर धाम अपने बाप का घर है, आया-जाया करो।''

''होली के रंग बागेश्वर धाम के संग।''

''जिसका गुरु बलवान होता है, वो चेला पहलवान होता है।''

''जिससे मोहब्बत होती है उससे कोई शिकायत नहीं होती। और अगर शिकायत है तो फिर मोहब्बत क्या खाक।''

''जो प्राप्त है वही पर्याप्त है।''

''जहाजों से जो टकराये उसे तूफान कहते हैं, तूफानों से जो टकराये उसे इन्सान कहते हैं, इन्सानों से जो टकराये उसे शैतान कहते हैं, लेकिन शैतानों से जो टकराये उन्हें बागेश्वर हनुमान कहते हैं।''

''कैसे कह दूँ कि हर प्रार्थना बेअसर हो गयी, जब भी मैं रोया मेरे बाबा को खबर हो गयी।''

''नफरत नहीं हम प्रेम के आदी हैं, पर गर्व से कहते हैं कि हम हिन्दुत्ववादी हैं।''

गुरु के बारे में : ''गुरु को पाने वाला इन्सान बुद्धू नहीं बुद्ध हो जाता है।''

''कनफुक्का गुरु हजार हैं, नहीं जिनको कछु ज्ञान।
आपन तो नरके चले, संग लिए जजमान।''

''गुरु के वक्तव्य को पकड़ना, न कि गुरु को''

''सच्चा और अच्छा गुरु किसी को भी रंक से राजा बना सकता है।''

बागेश्वर धाम सरकार के बारे में अन्य महत्त्वपूर्ण जानकारी

बागेश्वर धाम के बारे में कुछ महत्त्वपूर्ण पहलू :

1. **बागेश्वर धाम कहाँ स्थित है?**

   बागेश्वर धाम भारत देश के मध्य प्रदेश के छतरपुर ज़िले के राजनगर जनपद की ग्राम पंचायत गढ़ा में स्थित है।

2. **बागेश्वर धाम में किसकी पूजा होती है?**

   बागेश्वर धाम में बालाजी सरकार, अर्थात हनुमान जी का दिव्य मन्दिर है एवं मन्दिर में बालाजी सरकार की पूजा होती है।

3. **बागेश्वर धाम क्यों प्रसिद्ध है?**

   बागेश्वर धाम में लाखों श्रद्धालुओं की मनोकामनाएँ पूरी होती हैं। यहाँ के पीठाधीश्वर पं. श्री धीरेन्द्र कृष्ण शास्त्री जी की लोकप्रियता के कारण बागेश्वर धाम प्रसिद्ध है।

4. बागेश्वर धाम कैसे पहुँचें?

बागेश्वर धाम पहुँचने के लिए रोड सेवा, रेल सेवा, एवं वायु सेवा तीनों माध्यम से धाम पहुँच सकते हैं।

5. बागेश्वर धाम सरकार से मिलने के लिए शुल्क कितना है?

बागेश्वर धाम सरकार, अर्थात पं. धीरेन्द्र कृष्ण शास्त्री जी से मिलने के लिए कोई शुल्क नहीं है।

6. बागेश्वर धाम में दर्शन या दिव्य दरबार में शामिल होने क शुल्क कितना है?

बागेश्वर धाम में दर्शन या दिव्य दरबार में शामिल होने के लिए कोई शुल्क नहीं देना होता है।

7. बागेश्वर धाम में घर बैठे अर्जी कैसे लगायें?

यदि आप घर बैठकर अर्जी लगा रहे हैं, तब आपको लाल कपड़े में नारियल को बाँधकर पूजा-स्थल पर रख देना होता है एवं 'ओम बागेश्वराय नमः' मंत्र का 108 बार जाप करके अर्जी लगाते हैं।

8. बागेश्वर धाम में संन्यासी बाबा कौन हैं?

बागेश्वर धाम सरकार में पं. धीरेन्द्र कृष्ण शास्त्री जी के दादाजी के दादाजी ही संन्यासी बाबा हैं।

9. बागेश्वर धाम सरकार के गुरुजी का नाम क्या है?

बागेश्वर धाम सरकार कहते हैं कि उनके दो गुरु हैं,

और दोनों का बराबर महत्त्व है। पहले गुरुजी का नाम जगदगुरु रामभद्राचार्य जी महाराज हैं, जिनसे उन्होंने मंत्र दीक्षा ली है। दूसरे गुरु उनके दादा गुरुजी हैं जो उनको अज्ञानता से प्रकाश की ओर लाये हैं।

10. बागेश्वर धाम सरकार के माता-पिता का क्या नाम है?

बागेश्वर धाम सरकार की माता जी का नाम श्रीमती सरोज देवी गर्ग एवं पिता जी का नाम पं. श्री रामकृपाल गर्ग है।

11. बागेश्वर धाम सरकार का असली नाम क्या है?

बागेश्वर धाम सरकार का असली नाम पं. श्री धीरेन्द्र कृष्ण शास्त्री है।

12. बागेश्वर धाम सरकार ने कहाँ तक पढ़ाई की है?

बागेश्वर धाम सरकार ने स्नातक की पढ़ाई की है।

13. बागेश्वर धाम सरकार किसको बोलते हैं?

बागेश्वर धाम वैसे तो बालाजी सरकार का दिव्य स्थान है। वर्तमान में पं. श्री धीरेन्द्र कृष्ण शास्त्री जी को ही बागेश्वर धाम सरकार बोलते हैं।

14. बागेश्वर धाम सरकार की उम्र कितनी है?

बागेश्वर धाम सरकार का जन्म 4 जुलाई 1996 को हुआ था एवं वर्तमान में उनकी उम्र 28 वर्ष है।

15. बागेश्वर धाम सरकार की शादी हुई है या नहीं?

बागेश्वर धाम सरकार की शादी नहीं हुई है। लेकिन वह अपने गुरु की आज्ञा मानते हुए माता-पिता की सहमति से शादी करेंगे।

16. बागेश्वर धाम सरकार शादी करेंगे या नहीं?

बागेश्वर धाम सरकार माता-पिता की सहमति से शादी करेंगे।

17. बागेश्वर धाम में जाकर अर्जी कैसे लगायें?

अर्जी 2 प्रकार से लगाई जा सकती है :

1. बागेश्वर धाम पहुँचकर, 2. घर से

18. बागेश्वर धाम सरकार क्या करते हैं?

बागेश्वर धाम सरकार भागवत कथा, रामकथा, हनुमन्त कथा, सत्संग एवं सनातन धर्म का प्रचार-प्रसार करते हैं।

19. बागेश्वर धाम में मरीजों को लायें या नहीं?

बागेश्वर धाम में मरीजों को ला सकते हैं पर कृपया गम्भीर मरीजों को लेकर नहीं आयें।

20. बागेश्वर धाम सरकार को सिद्धि कब प्राप्त हुई?

बागेश्वर धाम सरकार को सिद्धि की प्राप्ति सन् 2010 में बालाजी सरकार से दादा गुरुजी के माध्यम से प्राप्त हुई है।

टिप्पणी

टिप्पणी

चित्रावली

पूज्य गुरुदेव एवं उनके गुरु श्री रामभद्राचार्य जी महाराज

प्राचीन शिव मन्दिर

हम सोये भारतीयो को जगायेगे,
हम भारत भव्य बनायेगे
सनातन हिन्दू एकता पदयात्रा

सनातन हिंदू एकता पदयात्रा

बालाजी देवस्थान

लंदन में पूज्य गुरुदेव का सम्मान

बागेश्वर बगीचा

गुरुकुल

कन्या विवाह

अन्नपूर्णा रसोई

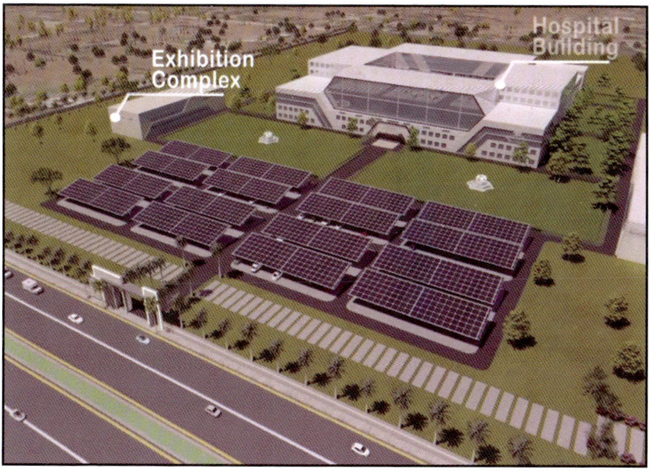

बागेश्वर धाम में प्रस्तावित कैंसर हॉस्पिटल की फोटो

गौशाला

धाम में चल रहे सेवा प्रकल्पों में अपना सहयोग करने हेतु
इस अकाउंट में दान कर सकते हैं

HDFC BANK
Account No - 99910810810818
IFSC CODE - HDFC0000088
खाता धारक का नाम - श्री बागेश्वर जन सेवा समिति